北京联合大学2018年本科专业建设项目校内专项经费资助

国际商务能力培养中的教与学

（2017~2018）

李剑玲 钱春丽 主编

知识产权出版社
全国百佳图书出版单位

图书在版编目（CIP）数据

国际商务能力培养中的教与学（2017～2018）/李剑玲，钱春丽主编．—北京：知识产权出版社，2019.1

ISBN 978－7－5130－5386－0

Ⅰ.①国… Ⅱ.①李… ②钱… Ⅲ.①国际商务—教学研究 Ⅳ.①F740

中国版本图书馆 CIP 数据核字（2018）第 258733 号

内容提要

我国已成为世界第二大经济体，改革开放进入新阶段，吸引外资和对外投资更加活跃，国际经济合作程度不断加深，迫切需要大批高层次、厚基础、复合型、外向型和创新型的国际商务专业人才。本书较深刻地阐述了在经济全球化的背景下，对大学生加强国际商务能力培养的意义，对教学的重点和应把握的要点进行了论述。并结合一些实际调研例证，对企业的现代商业模式进行了研究分析，著作有较强的理论性、指导性和操作性。

责任编辑：石红华　　　　**责任印制：**孙婷婷

封面设计：臧　磊

国际商务能力培养中的教与学（2017～2018）

李剑玲　钱春丽　主编

出版发行：知识产权出版社有限责任公司	**网　　址：**http://www.ipph.cn
社　　址：北京市海淀区气象路 50 号院	**邮　　编：**100081
责编电话：010－82000860 转 8130	**责编邮箱：**shihonghua@sina.com
发行电话：010－82000860 转 8101/8102	**发行传真：**010－82000893/82005070/82000270
印　　刷：北京虎彩文化传播有限公司	**经　　销：**各大网上书店、新华书店及相关专业书店
开　　本：787mm×1092mm　1/16	**印　　张：**11.5
版　　次：2019 年 1 月第 1 版	**印　　次：**2019 年 1 月第 1 次印刷
字　　数：170 千字	**定　　价：**48.00 元

ISBN 978-7-5130-5386-0

前　言

国际商务专业，是国家为适应21世纪国际经济贸易发展需要，增强国家竞争力而设立的新学科。国际商务作为一个学科出现，发端于1960年代初企业在国外直接投资（FDI）现象的大量涌现。随着中国进入世界贸易组织并越走越远，对专门从事进出口贸易的专业人才的需求也会越来越大。

首先，国际商务专业是针对我国适应经济全球化趋势，全面建设开放型经济体系的需要，培养具有较强的专业能力和职业素养、能够创造性地从事国际商务实际工作的高层次应用型专门人才而设置的一种专业类型。目前我国已成为世界第二大经济体，世界第一出口大国、第二进口大国，吸引外资和对外投资十分活跃，国际经济合作程度不断加深，正在全面提高建设开放型经济水平，迫切需要大批高层次、厚基础、复合型、外向型和创新型的国际商务专业人才。然而，我国国际商务专业人才无论在数量上还是质量上与实际需求都存在很大的差距，需要我们加大力度培养。

其次，共建“一带一路”顺应世界多极化、经济全球化、文化多样化、社会信息化的潮流，秉持开放的区域合作精神，致力于维护全球自由贸易体系和开放型世界经济。2013年9月和10月，习近平主席在出访中亚和东南亚国家期间，先后提出了共建“丝绸之路经济带”和“21世纪海上丝绸之路”的战略构想。“一带一路”倡议的提出，有力地促进了全球的经济合作与发展。“一带一路”倡议提出后，国家对国际商务专业人才的培养有了更高的要求和更多的需求。

“互联网＋”是创新2.0下的互联网发展的新业态，是知识社会创新

2.0 推动下的互联网形态演进及其催生的经济社会发展新形态。2015 年 7 月 4 日，经李克强总理签批，国务院印发《国务院关于积极推进“互联网 +”行动的指导意见》，这是推动互联网由消费领域向生产领域拓展，加速提升产业发展水平，增强各行业创新能力，构筑经济社会发展新优势和新动能的重要举措。在大数据时代背景“互联网 +”新形势与中国经济新常态下，对于国际商务专业人才的培养提出了更高的要求。

北京联合大学商务学院于 2014 年 11 月 5 日获得国际高等商学院协会（AACSB）认证资格，正式进入认证环节，标志着商务学院开启了国际化的新起点，并于 2016 年 8 月一次性通过了初始自评估报告。AACSB 国际认证中，学习质量保障体系建设是其核心与目标。与学校 2018 年教育教学工作会精神，落实 OBE 成果导向的教育理念，提升应用型人才培养质量是一致的，需要我们研究和探索国际商务专业人才的培养方案、课程体系与人才培养能力，进行以能力培养为目标的国际商务专业教与学研究。

国际商务专业培养适应国际商务环境和服务区域发展，具有社会责任感、商业道德和创新精神，掌握现代经济管理理论及方法，适应北京现代服务业发展需要，具有国际视野、团队精神、跨文化交流能力和国际商务决策能力，能够在现代服务业、政府部门及相关企事业单位从事国际商务运营管理工作的“互联网 +”高素质创新型应用型国际商务人才。我们对毕业生的基本要求是具有商业伦理观念，具有国际视野，具有商务沟通能力，具有批判性思维能力，具有团队合作能力和具有国际商务决策分析能力。

在此背景和需要下，北京联合大学国际商务专业出版了这本教研论文集，分为上篇和下篇。上篇为教师篇，呈现了本专业教师关于人才培养、教学理论、教学方法等教学研究与教学改革方面的研究与思考；下篇是本专业学生在专业教师指导下的优秀毕业论文和社会实践调研优秀论文。

在学校和学院领导的指导和支持下，经过本专业全体教师的一致努力，2018 年武汉大学中国科学评价研究中心的评估结果显示，在全国 106 所参评大学中，北京联合大学国际商务专业排名 34 位，是三星级专业。

“以学生为主体、教师为主导”，以学生为本，爱生敬业教学，北京联合大学国际商务专业全体教师将为培养适应国家需要的国际商务专业人才，竭尽全力，积极探索，不忘初心，砥砺前行。

2018 年 8 月 1 日

目　录

上　篇

下　篇

上　篇

基于OBE理念和AACSB认证的商界骨干培养模式研究

李剑玲

北京联合大学商务学院国际商务系教授

摘　要：OBE教育理念基于成果导向，主要关注学习成果和学生能力；AACSB国际认证主要关注教育教学质量，认为教学质量的提升主要来自于师生互动模式。随着我国经济社会的快速发展，国际贸易在我国国民经济中占据重要地位，为适应国际贸易的快速发展，迫切需要提高国际商务人才的教育教学质量。我们商务学院的使命是要培养商界骨干，本文从基于OBE理念和AACSB认证的商界骨干培养意义、要求、途径以及培养方案、课程体系、培养模式等方面进行了探讨和论述，以学生为中心，全员参与，持续改进，提高教学质量，提高教学效果，提高学生能力，达成毕业要求。

关键词：OBE教育理念；AACSB国际认证；商界骨干；培养方案；培养模式

引　言

OBE教育理念主要是以学生成果能力为导向而进行的教育教学，以提高学生实践应用能力为目标，与我们大学的城市型应用型服务北京的宗旨一致；AACSB国际认证主要关注的是教育教学质量，并且认为教学质量是在师生互动的教学实践中创造出来的，二者实质是一致的，都以培养学生能力为核心。随着我国经济和社会的快速发展，国际贸易在我国国民经济中占据重要地位，为适应国际贸易的快速发展，迫切需要提高国际商务人才的教育教学质量。为了提高国际商务人才的教育教学质量，践行我们商务学院的使命，培养商界骨干，基于OBE理念和AACSB认证的商界骨干培养模式具有很重要的意义和价值，需要研究和探讨。

一、OBE理念、AACSB认证与商界骨干

成果导向教育（Outcome Based Education，简称OBE，也称能力导向教育、目标导向教育或需求导向教育），作为一种先进的教育理念，于1981年由Spady等人提出后，很快得到重视与认可，并已成为美国、英国、加拿大等国家教育改革的主流理念。美国工程教育认证协会（A-BET）全面接受了OBE理念，并将其贯穿于工程教育认证标准的始终。OBE是一种基于学习产出的教育模式，要求学校和教师应该先明确学习成果，配合多元弹性的个性化学习要求，让学生通过学习过程完成自我实现，再将成果反馈来改进原有的课程设计与课程教学[1]。

AACSB（The Association to Advance Collegiate Schools of Business，中文译作国际精英商学院协会，国内一般叫作美国管理商学院联合会）成立于1916年，是一个由商学院、社团和其他机构组成的非盈利组织，致力于提高和促进工商管理学和会计学高等教育水平，是工商管理和会计学专业学士、硕士、博士等学位项目的首要认证机构。AACSB于1919年颁布了商学认证标准，2003年颁布了新修改的标准。AACSB认证代表着全世界商学院的最高成就。取得AACSB认证资格是优秀的管理教育的重要标志，所以我们商务学院要致力于通过AACSB认证。我们已经确定了我们学院自己的相应使命，已经成为AACSB会员单位。AACSB认证主要关注的是教育教学质量，其商学认证标准的大部分规定都与教育教学质量密切相关。AACSB认证首先认为教学质量是在师生互动的教学实践中创造出来的[2]。

这里的商界骨干，主要是指在商界中起主要作用的人，是商界的核心

部分和中坚力量。欧洲是世界上最早开展商务专业教育的地方，我国商务专业教育最早起源于南京大学 1917 年成立的商科（系）。在经济全球化的进程中，随着经济全球化和国内国际化的程度日益提高，在经济全球化和信息技术发展的推动下，国际商务活动的形式和内容都发生了深刻变化，以服务业为核心的第三产业迅速崛起，其中尤以与世界经济一体化趋势密切相关的国际贸易行业发展迅速，国际商务人才培养尤显重要。随着我国经济社会的快速发展，现代服务业迅速发展，国际贸易已在我国国民经济中占据重要的战略地位，为适应国际贸易的快速发展，国际商务人才教育教学质量，在我国显得尤为重要。我们商务学院要通过 AACSB 认证，迫切需要商界骨干培养质量的提高，而教学中师生互动对教学质量的提高起着非常重要的作用。

二、商界骨干培养内涵和意义

成果导向教育的理论渊源于教育目标理论、能力本位教育等基础原理。学校的教育教学以学生为中心，专业培养方案围绕人才培养目标和毕业要求达成，课堂理论教学和实训实习活动以培养学生能力为核心，做好教师与学生的互动，以学生为本，实现教育目标，做好能力本位教育，切实提升学生的能力和素质。师生互动不仅是开展主体性教学的前提条件，也是开展主体性教学的手段。教师与学生在平等的基础上，通过交流与沟通、理解与对话，对其共同的知识达成共识，学生主动学习，学生主动接受知识。本质而言，这种互动不仅是一种教育关系，更是一种社会关系和心理关系，它强调师生间直接交往的相互性和积极反应的主动性，以及通过交往互动所达到的互惠性。对教学而言，交往互动是充满于师生之间的一种教育情境和精神氛围；对学生而言，交往互动意味着个体主动性和创造性得到释放[3,4]。

（一）体现教学主体的平等性

师生互动在一个层面上反映着时代的进步和教学思想的进步。进步的标志是师生平等，本质体现是人的平等。这种平等的意义是使学生获得全面发展的充分条件。因为师生互动破除了“教师中心”的规则，使学生在专业教学过程中感受主体地位。只有师生平等，才有师生互动的可能；只有师生互动，才能有效地实现各项教学价值；只有有效实现各项教学价值，才能提高基于 AACSB 认证的商界骨干培养质量，促进学生的全面发展。

（二）遵循教学方法的科学性

师生互动还在另一个层面上反映着教学科学的进步和对教育科学规律的遵循。现代科学证明，教学是师生之间进行的独特的心智活动，是师生之间的心灵沟通过程。教学价值的实现过程是一种学生主体以内化知识为基础，培养能力、养成品格和训练方法的过程。这意味着教师主体的施教内容要成为学生主体的“内化”内容，必须以师生互动作为连结的桥梁。同时，也只有通过师生互动，通过有效的信息反馈，教师才能了解和掌握学生“内化”教学内容的情况。只有师生互动，才是遵循教育科学规律，采用科学方法的教学，也才能真正做到因材施教、个性培养，更有效全面地实现各项教学价值，提高基于 AACSB 认证的商界骨干培养质量。如表 1 所示。

表 1　商界骨干培养意义

方面	反映	意义
体现教学主体的平等性	社会时代的发展，教学理念的更新，教学思想的进步	才能有效地实现各项教学价值，促进学生的全面发展，提高教学质量
遵循教学方法的科学性	教育教学科学的进步，教育科学规律的遵循	才能真正做到因材施教、个性培养，更有效全面地实现各项教学价值，提高教学质量

三、商界骨干培养要求

OBE 教育理念以培养学生能力为成效导向，关注学生能力的提升，关注以学生为中心。这里的基于 OBE 教育理念和 AACSB 国际认证的商界骨干培养，主要包括三个方面：教师方面，主要从知识水平、业务能力、教学态度、教学内容、教学方式、教学效果等维度来加强和提高；学生方面，主要从学习目标、学习能力、学习态度、学习方法、学习过程、学习效果等维度来注意和提高；学校方面，主要包括师资队伍、培养方案、培养目标、毕业要求、课程体系、课程大纲、教学条件、实践基地等。如表 2 所示[5,6]。

表 2　商界骨干培养要求

内容	加强与提高
教师方面	知识水平、业务能力、教学态度、教学内容、教学方式、教学效果
学生方面	学习目标、学习能力、学习态度、学习方法、学习过程、学习效果
和谐的师生关系	民主、平等、积极、融和、信任、共识、共享
学校方面	师资队伍、培养方案、培养目标、毕业要求、课程体系、课程大纲、教学条件、实践基地

（一）提高教师素质

知识、素质和能力的协调发展，构成了新的人才培养模式，这是高等教育所面临的新课题。在人才培养过程中，知识是能力和素质的基础，知识只有通过内化，才能升华形成素质和促使能力的提高。教师能力会直接影响到大学生能力。高校教师需要具备的素质与能力主要包括基本素质与能力、业务素质与能力、实践素质与能力、科研素质与能力、人文素质与能力等五个部分，可以用梯形图来解释高校教师素质与能力结构，如图 1 所示。

梯形的最底层是基本素质与能力，包括政治素质、思想素质、道德素质、身心素质、语言能力、认知能力、学习能力、反思能力；上一层是业务素质与能力，包括科学文化素质、专业素质、理论素质、教学组织能力、教学研究能力、教学评价能力、信息技术能力、教育信息处理能力；再上一层为实践素质与能力，包括教学经验素质、实践经验素质、实践能力、社会适应能力、交流能力、社会服务能力；再上层为科研素质与能力，包括科研素质、学术能力、创新能力、探索能力；最上层为人文素质与能力，包括人文素质、审美能力。

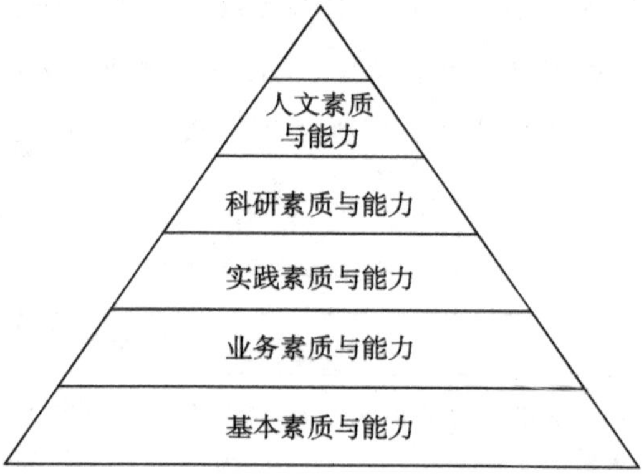

图1　商界骨干培养中教师素质与能力的梯形图

（二）提高大学生素质

大学生要具有一定的开拓创新能力、较强的分析问题和解决问题的能力。首先要树立正确的世界观、价值观、人生观，有自己的理想和奋斗目标，具有坚强的意志和坚定的信念，能够不为世俗所蒙蔽，不因艰难困苦而退缩；然后培养自我学习的能力，增强自主学习的技能，改进学习方法，提高自我学习的效率和效果；其次是提高实践操作能力，是知识转化为物质和能力的途径，是专业工作者必须具备的一种能力，大学生实践操作能力的强弱，将直接影响到其作用的发挥；再次是提高自我表达能力，是指运用语言表明自己的观点、意见或抒发感情的能力，主要包括口头语言表达能力和书面文字写作能力；最后是提高创新能力，创新已成为新时代精神最主要的特征之一，可以说21世纪是一个创新的世纪，创新要求人才不仅具有一般继承性的知识和能力，更要求人才拥有能适应社会高速发展的创新知识和能力。

（三）建立和谐的师生关系

教师与学生在人格上是独立的，他们并不从属于对方。人与人之间的交往依赖于双方之间对彼此的信任，我们要建立起民主、平等、积极、融和的师生关系。当教师与学生之间不是类似于上下级的关系，而是像朋友一样交流和对话时，师生之间的距离就会缩小，教师就更容易把专业知识、经验传授给学生，学生则会对教师的种种引导行为给予恰当的回应。师生之间的这种互动指教师主体与学生主体在平等民主的基础上，通过理解与对话对其共同的专业知识达成一种非强迫性的共识，从而实现主体间的融合、共识和共享，教师便能在与学生的交流中不断地改进自己的教学方法，增强自己的专业知识，提升自身的教学能力，提高专业教学质量。

四、商界骨干培养途径

这里主要包括课堂内的课程理论教学和课堂外的实践教学[7,8]。

（一）课堂内的课程理论教学

1. 良好的教学情境

良好的教学情境是一种精神的、文化的、心理的和谐氛围，它是影响师生互动的重要外部因素。良好的教学情境是以和谐的人际关系为基础的。只有师生之间关系和谐、相互尊重、相互信任，才能形成和谐的人际关系，才能为师生的良性专业互动奠定基础。

2. 目标的一致性

目标一致是师生互动的基础。当师生双方目标一致时，为完成共同的教学任务就会一起努力，采取策略互相协作，努力实现目标，发生师生双向的良性互动。总之，师生之间对目标同一性的认同越明确，对共同目标理解越深刻，合作就越充分，互动就越有效。

3. 明确的角色定位

教师与学生对自己的角色定位越准确就越有利于互动。在课堂教学中，教师存在着“顾问”“同伴”“权威”三种角色选择，学生则存在着“合作者”“竞争者”“学习者”等角色选择。这种角色定位会随着课堂情境的变化而变化。师生只有通过不断调整自己的角色定位，使其相互匹配，才能形成良性互动与和谐的师生关系。

（二）课堂外的实践教学

1. 开拓学生参与途径

通过课堂内良好的师生互动，教师与学生建立了融合的师生关系，增加了了解与沟通。教师的启发式教学和引导式教学，鼓励学生勇于质疑，积极讨论，同时介绍该专业领域的魅力与有关研究的资料等，激发学生的学习兴趣，使学生在课后自主学习，加强与老师互动。可以通过产、学、研结合，加强科研、促进教学，指导学生到合作单位实践学习，通过师生互动的实训指导，提高学生的实践能力，提高教学质量和效果。

2. 利用信息技术平台

教师要利用现有的信息技术平台与学生进行互动，除了可以在课间以及答疑的时间与学生展开面对面的交流之外，教师还可以广泛地运用邮件、飞信、微信、短信、微博、网络学堂、教学系统网站等多种信息平台与学生互动。

3. 激发学生参与激情

教师要找到与学生互动的内容，可以通过布置案例分析题，带领学生做实际项目，指导学生撰写报告论文，以及加入学生所在的大学生社团组织等方式，提出具有挑战性的问题，激发学生参与的积极性，引领课堂外的师生互动。如表3所示。

表3　商界骨干培养互动形式

方面	课堂内的课程理论教学	课堂外的实践教学
内容	良好的教学情境	开拓学生参与途径
	目标的一致性	利用信息技术平台
	明确的角色定位	激发学生参与激情

五、基于OBE理念和AACSB认证的商界骨干培养模式

（一）商界骨干培养方案和课程体系

商界骨干培养方案是学校人才培养的指挥棒，是检查和检测办学质量的重要依据，体现办学理念和办学水平，凝练办学历史和未来发展方向，是我们重点关注的重要工作。基于OBE教育理念和AACSB国际认证，依据教育部审核评估、专业建设等，根据国家和社会对商务人才的需求，建立我们的人才培养目标，明确我们的毕业生基本要求，来调整和设计我们

的课程体系及课程大纲，制定和实施具体的专业培养方案，关注学习成果，培养学生能力。培养方案的四个关键要素和逻辑关系如图 2 所示。

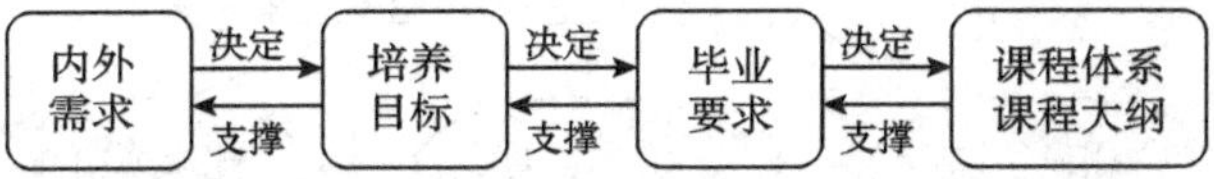

图 2　商界骨干培养方案的关键要素关系

以学习成果为设计目标，建立基于成果导向的商界骨干人才培养的专业课程体系。进行课程体系的设置，我们首先要确认课程的目标，课程的目标要与学校的整体人才培养目标相匹配，要能够明确其在专业培养方案中的位置；其次需要设计能够达成目标的具体教学方法，如理论课堂讲授、实训实习环节等；再次，要给予一定的教学资源配置，如师资配备、教学条件、实习基地等；最后，需要围绕学生的学习成效对课程进行评价和反馈，并提出持续改进的建议和策略，从而形成课程体系建设的闭环[9]，如图 3 所示。

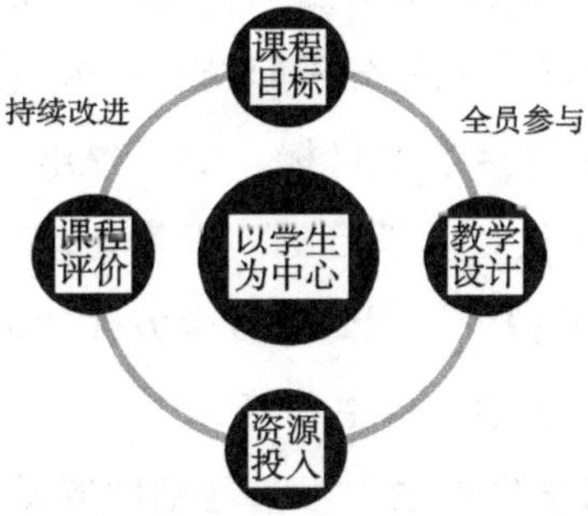

图 3　商界骨干培养课程体系建设模型

（二）商界骨干培养互动 CMC 模式

CMC 是英文 Crative Context（创设情境）、Mu - tuae activity（师生互动）、Constructing Knowledge（建构知识）三个词组的缩写。C——创设情境，M——师生互动，C——建构知识，揭示了新课程条件下课堂教学的三个基本环节。基于 AACSB 认证的商界骨干培养互动 CMC 模式的程序是：教师创设情境——师生互动学习——师生共同建构知识，如图 4

所示[10,11]。

图4　商界骨干培养互动CMC模式

1. 创设情境促进教学展开和深入

情境，包括情感情境和学习情境。情感情境是一种心理氛围，是群体心理环境。创设情感情境是要激发学生学习兴趣和学习动机。学习情境是一个以问题或任务为核心的教育平台，是支撑师生互动，共同建构知识的探究性环境。创设学习情境就是要认同学生学习的多样化，促进学生的全面发展。按照素质教育的理念，教学是以课程内容为中心、以学生为主体，师生围绕学习内容，彼此互动、共同发展的活动过程。学习情境不是直接呈现知识，而是要呈现真实的问题，给学生留下想象的空间，以便于学生发现问题——提出问题——分析问题——解决问题。还要选择学法和教法，最后形成学案（包括学习目标、学习提纲、学习情境、学习方式、训练评价等）和教案（包括教学目标、学习情境、教学模式、教学手段、训练评价等）。有了学习情境，课堂上教学方式的创新就有了依据。

2. 师生互动学习促进学生自主学习

师生互动学习是以学生自主学习为基础的互动学习。美国人本主义心理学家罗杰斯在《自由学习》一书中指出："学习者全身心投入其中的自发学习，也就是智力和情感都共同参与的学习，是最持久和最深入的学习。"自主学习是指学生有自主选择权（包括学习目标、学习方式、训练内容等）的学习，具有独立的自学探究和主动的与同学、教师交流互动的特征。师生互动教学是为了促进学生的自主学习，是学生学会交往互动，实现学习方式的创新，激发学生的学习积极性和学习方法创新。在师生互动中，师生关系的传递由传统的单向知识传递关系，变为平等和合作的多向信息交流互动关系，学生的自主探究和多边互动成为教学的主要形态，教师的讲授和指导成为关键点。

3. 建构知识促进学生全面发展

建构知识，就是把间接知识转化成直接知识。学习过程是学生对信息进行心理加工的过程，一个完整的认识过程是直观——思维——实践，这样才能把间接知识转化为自己的知识、能力和素养。美国当代著名教学设计专家加涅（R. Gagne）把学习划分为“动机、领会、获得、保持、回忆、概括、作业、反馈”八个阶段。学生在自主学习中基本完成了前三个阶段的目标，而后五个阶段的目标要通过建构知识环节的多边互动来促进学生心理加工过程去实现。自主学习属于建构知识的基础阶段，建构知识是要把学生在自主学习中的新知识进一步归纳、强化、迁移，并构建新知识体系内化成自己的素养。教师要激发学生辩证思维，引导学生探索和互动，并加以及时评价和激励，努力实现“知识和能力、方法和过程、情感认知和价值观”三位一体的教学目标。

六、结　论

OBE 教育理念基于成果导向，主要关注学习成果和学生能力；AACSB 国际认证主要关注的是教育教学质量，并且认为教学质量是在师生互动中创造出来的。随着我国经济社会的快速发展，为了适应国际贸易的快速发展，迫切需要提高国际商务人才的教育教学质量。本文对基于 OBE 理念和 AACSB 认证的商界骨干培养进行了探索，从商界骨干培养意义、要求、途径以及培养方案、课程体系、培养模式等方面进行了讨论，以学生为中心，通过师资队伍、培养方案、培养目标、毕业要求、课程体系、课程大纲、教学条件、实践基地、教学互动环节等，全员参与，持续改进，进一步提高教学质量，提升教学效果，增强学生能力，达成毕业要求。

参考文献

[1] 申天恩，斯蒂文·洛克. 论成果导向的教育理念 [J]. 高校教育管理，2016，(5)：47－51.

[2] Weiying Zhang, W. W. Cooper, Honghui Deng, Barnett R. Parker, Timothy

W. Ruefli. Entrepreneurial talent and economic development in China [J]. Socio – Economic Planning Sciences, 2010, 44 (4): 178 – 192.

[3] 顾佩华，胡文龙，林鹏，等．基于“学习产出”（OBE）的工程教育模式[J]．高等工程教育研究，2014（1）．

[4] 杨守国．课堂师生互动的本质、条件与实现策略[J]．教学与管理，2009，(9)：123－124.

[5] Kerry Howells. An exploration of the role of gratitude in enhancing teacher – student relationships [J]. Teaching and Teacher Education, 2014.

[6] 乔远慧．探寻师生互动途径　提高课堂教学效果[J]．天津职业院校联合学报，2013，15（7）：54－56.

[7] Want, Mieke Brekelmans. Real – time teacher – student interactions: A Dynamic Systems approach [J]. Teaching and Teacher Education, 2014, 37.

[8] M. Tim Mainhard, Helena J. M. Pennings, Theo Wubbels, Mieke Brekelmans. Mapping control and affiliation in teacher – student interaction with State Space Grids [J]. Teaching and Teacher Education, 2012, 28 (7).

[9] Richard M. Felder, Rebecca Brent. Designing and Teaching Courses to Satisfy the ABET Engineering Criteria [J]. Journal of Engineering Education, 2003, 92 (1): 7 – 25.

[10] Bal Krishna Sharma. Enactment of teacher identity in resolving student disagreements in small group peer interactions [J]. Linguistics and Education, 2013, 24 (2).

[11] 杨光岐．新课程条件下的CMC师生互动教学模式探析[J]．河南大学学报（社会科学版），2003（6）．

国际商务英语写作的教与学互动探讨

李剑玲

北京联合大学商务学院国际商务系教授

摘　要：随着经济全球一体化，网络通信和多媒体技术广泛使用，国际商务活动的范畴不断扩大。国际商务英语作为国际商务交流活动的主要载体，越来越受到人们的重视，并得到了很大的发展。国际商务英语的运用逐渐增多，国际商务英语写作的需求越来越大，国际商务英语写作课程建设和教学显得很重要。作为国际商务专业的教师，更要重视和探讨国际商务英语写作课程的建设和教学问题。本文首先从词汇和句法两方面探讨了国际商务英语写作课程的特点和要求，然后基于建构主义学习理论和学习设计六要素原则，研究了国际商务英语写作课程的教学模式和教学互动，并且从实践教学方面对国际商务英语写作课程的教学互动做了进一步的分析和探索，促进高校国际商务英语写作课程的建设和教学，提高大学生国际商务英语写作能力。

关键词：国际商务英语写作；建构主义；教学互动

网络通信和多媒体技术广泛使用，国际商务活动的范畴不断扩大，我们的国际商务活动越加频繁，国际商务英语的应用逐渐增多，掌握和使用规范的国际商务英语应用文显得非常重要，我们想在全球一体化时代取得成功，就必须具备国际商务知识和国际商务英语能力，重视和加强国际商务英语的应用能力，尤其要加强国际商务英语的写作能力。如何提高国际商务英语写作课程的教学互动效果，促进国际商务英语写作课程建设有很重要的意义。

一、国际商务英语写作特点和要求

国际商务英语写作的特点和要求可以从词汇和句法两个方面来论述。

（一）国际商务英语词汇

1. 商务专业词汇的出现

国际商务英语词汇的专业性主要体现在，一方面是国际商务英语词汇中含有很多的专业术语，如 exchange rate（汇率）、deflation（通货紧缩）、tariff（关税）；另一方面是国际商务英语词汇来源于基础英语词汇，但却被赋予了特殊的专业内涵，如 value for money product（物有所值的产品），等等。

2. 缩略词的出现

在长期的国际商务活动中约定俗成的缩略词大量出现，它们大都是由专业术语、组织机构专有名称转化而来的，常取词组中的每个单词的首字母。如：M/T（mail transfer）信汇，C. O. D（cash on delivery）货到付现，WTO（World Trade Organization）世界贸易组织，EEC（European Economic Community）欧洲经济共同体等。

3. 新词和外来词的出现

反映当代经济贸易的新思路、新概念及其先进技术等新词汇不断出现，且大多属于复合词语，有些则是由其词根派生或合成的。如 cybercash（电子货币）、e－business（电子商务）、multinational（跨国公司）、force majeure（不可抗力），exdividend（除股息）等。

（二）国际商务英语句法

国际商务英语篇章具有七个语篇特点，称为“7C”原则，即 Correctness（准确）、Conciseness（简洁）、Clearness（清楚）、Completeness（完整）、Concreteness（具体）、Courtesy（礼貌）和 Consideration（体谅）。

1. 句式简洁、逻辑严谨

国际商务英语的主要特点之一是开门见山、简洁明快。在句型上多使用简单句、简短并列句和简短复合句，句子结构比较严密复杂，句式规范，文体正式，尤其在国际商务合同中。如：This corporation is specialized in handing the import and exports business in electronic products and wishes to enter into business relations with you.（我公司经营电子产品的进出口业务，希望与贵方建立商务关系。）

2. 表达礼貌委婉

作为国际贸易伙伴，应该是平等友好的。因此在国际商务活动过程中，不论是国际商务函电还是国际商务谈判，都要礼貌委婉地表达自己的意思，一般用陈述句表示自己的愿望。如：We should appreciate it if you could send us the shipping instructions immediately.（如果你能立即给我们装船指示，我们会很感激。）

3. 使用倒装句和社交性套语

倒装是英语中一个重要的修辞手段，也是为了保持句子平衡或是为了强调句中的某个成分而将其放置到句首或其他突出的位置，如：Enclosed please find a money order.（请查收汇款单。）另外，国际商务英语大量使用社交套语，简明直接、礼貌体贴，如表示感谢的套语：We offer you... 或 Please quote us the lowest price...（我们为您提供……或请报以最低的价格……）[1,2] 见表 1。

表 1　国际商务英语写作特点比较

方面	特点
国际商务英语词汇	商务专业词汇的出现
	缩略词的出现
	新词和外来词的出现
国际商务英语句法	句式简洁、逻辑严谨
	表达礼貌委婉
	使用倒装句和社交性套语

二、国际商务英语写作教学模式与互动过程

（一）建构主义学习理论

建构主义（constructivism）也称为结构主义，是认知心理学派中的一个分支。建构主义理论最早是由瑞士心理学家皮亚杰提出的，后逐渐应用于教学中。建构主义学习理论的基本内容可以从“学习的含义”与“学习的方法”这两个方面进行说明。建构主义常用的教学方法有三种：支架式（Scaffolding Instruction）教学、抛锚式（Anchored Instruction）教学和随机进入式（Random Access Instruction）教学[3]。

（二）建构主义学习设计的六要素原则

建构主义的教学思想强调针对学习环境，基于建构主义理论的国际商务英语写作教学模式是围绕建构主义学习设计的六大要素提出的。Gagnon&Collay（2001）等人总结出建构主义学习设计（CLD = Constructivist Learning Design）所包含的六大基本要素，即创设情境（Developing Situations）、提出问题（Asking Questions）、搭建桥梁（Building Bridges）、组织协作（Organizing Groupings）、展示成果（Arranging Exhibits）和反思过程（Inviting Reflections）等，如图 1 所示[4]。

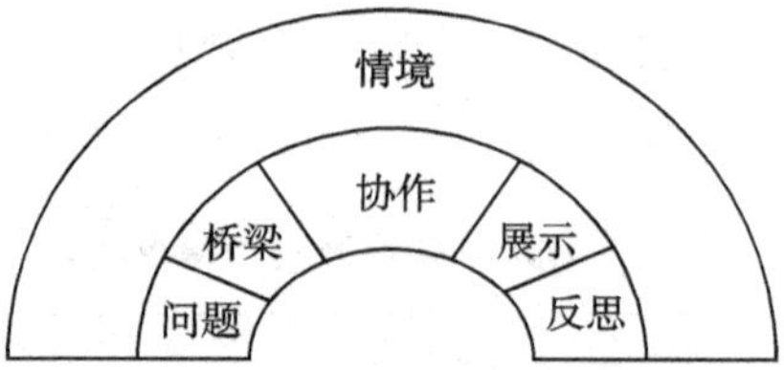

图 1　建构主义学习设计六要素图示

（三）基于建构主义的国际商务英语写作教学模式

建构主义理论把“情境”“协作”“会话”和“意义建构”作为学习所必需的四大要素。建构主义在教学上强调大学生是学习的主体，主张以大学生为中心，强调大学生是信息加工的主体，是知识意义的主动建构者。建构主义认为良好的学习环境使意义建构更为有效，认为学习环境是

大学生自由探索和自主学习的场所，在这种环境中大学生可以利用各种资源达到自己的学习目标，同时可以得到教师的帮助与支持，大学生之间也可以相互协作和交流。在这种教学模式中，大学生是知识的主动建构者和运用者，教师是教学过程的指导者与组织者、意义建构的促进者和帮助者，如图 2 所示[5,6]。

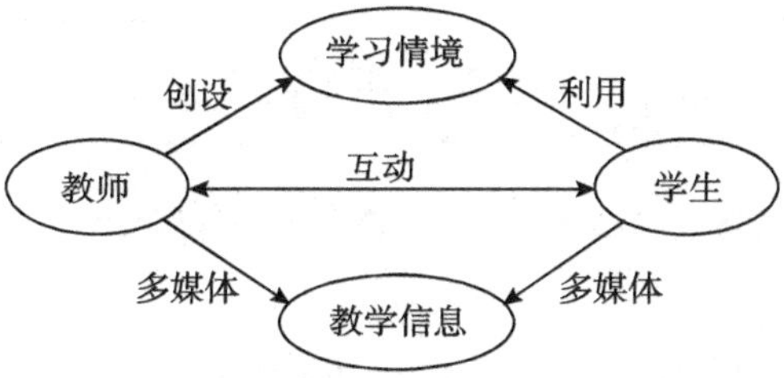

图 2　基于建构主义的国际商务英语写作教学模式

（四）基于建构主义的国际商务英语写作教学互动过程

基于建构主义，我们提倡“以学生为中心”的教学模式，充分利用多媒体网络信息技术作为教学的辅助手段，培养学生自主学习的能力，加强教师“导”的作用，教给学生如何学习。第一是写作准备阶段，教师利用多媒体创设情境，对学生进行必要的写作理论知识传授及相应的技能培训，明确告知国际商务英语写作的规范和要求，并提供参考的网络资源；第二是初稿仿写阶段，国际商务英语写作是国际商务专业的写作体裁，教师通过网络收集写作素材，帮助学生分析、总结各种商务文书的体裁结构和语言要求，教师还可以列出商务文书的经典范例，引导学生分析文章结构和写作技巧，指导帮助学生进行仿写；第三是网络互评阶段，网络为师生、学生之间进行“会话”与“协作”搭建了良好的平台，在教学过程中，教师可以借助网络工具展开充分的沟通和交流，最大程度地激发学生参与讨论的热情和积极性，从文书的体裁结构、内容、用词造句等方面进行点评，并将所有的信息加以整理、分析和归纳；第四是修改和定稿阶段，学生根据互评意见对自己的文章进行修改和定稿，再由教师根据定稿给出评语和分数，并选出一些代表性强的文章进行点评和指导。基于建构主义的国际商务英语写作教学互动过程如图 3 所示[7,8]。

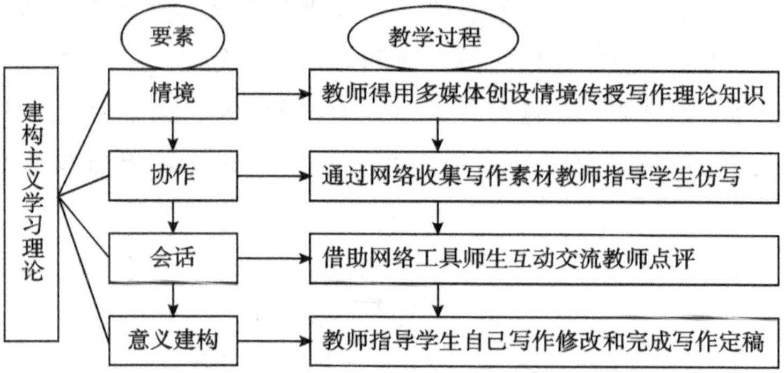

图 3　基于建构主义的国际商务英语写作教学互动过程

三、国际商务英语写作实践教学互动

我们这里主要讨论基于建构主义的国际商务英语写作实践教学，主要指基于建构主义的国际商务英语写作案例教学。基于建构主义理论，在教师的实际教学中，以学生为中心，加强教师的指导作用，教给学生学习的方法，教师激励学生利用学习资料，主动思考和分析，自主进行知识建构，促进学生的国际商务英语写作。在整个教学过程中，注重教师引导下学生的参与，以案例为教学素材和引导资料，引导学生分析文章结构和写作技巧，教师可以借助网络工具与学生进行“会话”与“协作”，有利于学生积极参与教学过程，指导学生进行国际商务英语写作。具体地，我们可以分为案例准备、案例分析、案例总结及案例互动四个环节[9-11]。

（一）案例准备

如在讲授国际商务英语写作中的商务报告内容时，首先给学生讲解在不同情景不同写作要求下的商务报告的写作范文，如：

Your manager is keen to introduce new practices into your company. He has asked you to write a report that includes details of two practices from another company which you would suggest adopting in your own company. Your report should include the following information: What you admire about the other company. Which two of its practices you would adopt. Why your company would benefit from them. You should write the report about 200 – 250 words.

学生在分析中需要扮演不同的角色：报告撰写者、市场调查人、建议提出者等，运用他们所掌握的商务知识，借助国际商务英语，通过课堂讨论和写作实践来熟悉商务情境，锻炼语言能力，增进商务知识，练习商务报告的写作技巧，提升国际商务英语写作能力。

（二）案例分析

基于建构主义的案例教学，在课堂上首先由教师朗读案例内容并对案例内容加以讲解，然后组织学生讨论。教师参与其中，督促每个学生积极参与，这也要求学生了解国际商务活动。在整个过程中，教师要针对案例提出具有逻辑结构的问题，使师生双方通过对这些问题的分析和讨论，一步步引导学生商务报告的写作思路。这个案例中，我们可以根据写作的内容要点分析，给学生提出问题供学生分析和讨论，增强进一步理解：What is the writer's position in the company? Who is the starter of the writing? What is the scope of the writing? What is the ultimate aim of the writing?

（三）案例总结

教师让学生站在案例相关文体撰写的高度，重新审视案例和分析案例，也可以分析在改变案例客观环境的假设条件下，可能出现的另外结果。由此使对案例的分析回到实践，用分析结果指导写作实践，这样还可以进一步加深学生对写作内容的理解，巩固所学文体写作知识，提高国际商务英语写作能力和技巧。

（四）案例互动

课后写作实践互动主要就是通过学生的讨论和交流，学生在课后根据要求撰写国际商务应用文，以国际商务英语书面形式在对案例进行理性分析总结的基础上进行写作。教师对学生撰写的国际商务应用文的格式规范等有明确的要求，点评指导学生的国际商务英语书面写作。

我们首先从词汇和句法两方面探讨了国际商务英语写作的特点和要求，然后基于建构主义学习理论和学习设计六要素原则，研究了国际商务英语写作教学模式和教学互动过程，并从实践教学方面对国际商务英语写作教学互动做了进一步的探索和研究，有利于提高国际商务英语写作教学互动效果，促进高校国际商务英语写作课程的建设与教学，提升大学生的国际商务英语写作能力。

参考文献

[1] 王颜敏．商务英语语法特点及教学策略分析［J］．黑龙江教育学院学报，2010，29（6）：160－162.

[2] Nickerson. English as a lingua franca in international business contexts［J］．English for Specific Purposes，2005，24（4）：367－380.

[3] 徐层珍．建构主义学习理论指导下的大学英语教学模式探究［J］．兰州教育学院学报，2012（4）．

[4] 丰玉芳．建构主义学习设计六要素在英语教学中的应用［J］．外语与外语教学，2006（6）：33－36.

[5] 张守红．基于建构主义的教学设计体系研究［J］．教学与管理，2008（12）：12－13.

[6] Philip Nathan. Academic writing in the business school：The genre of the business case report［J］．Journal of English for Academic Purposes 2013，12：57－68.

[7] Zuocheng Zhang. Business English students learning to write for international business：What do international business practitioners have to say about their texts?［J］．English for Specific Purposes，2013，（32）：144－156.

[8] 孙小军，杜雪晴．基于网络环境下的商务英语写作教学探讨［J］．现代商贸工业，2010，22（4）：235－236.

[9] 陈金萍，吴恒，李小花．建构主义学习理论对英语教学实践的启示［J］．湖北广播电视大学学报，2013，33（10）：140.

[10] 彭妍玲．案例教学法在商务英语写作教学中的应用［J］．云南财经大学学报，2009，24（1）：140－142.

[11] Ling Shi，Luxin Yang. A community of practice of teaching English writing in a Chinese University［J］．System，2014，42：133－142.

专业课程全英语教学改革的实践与理论研究

钱春丽

北京联合大学商务学院国际商务系副教授

摘　要：全英语教学作为实现高等教育国际化的必经阶段，日益成为各高校教学改革的主导方向。为此我们就高校实施全英语教学的必要性做了分析，并对北京联合大学商务学院专业课程全英语教学的现状进行了问卷调查和深入研究，在此基础上提出了改革思路和建议，旨在为专业课程全英语教学工作探索一条行之有效的路径。

关键词：专业课程；全英语教学；实践；理论

在经济全球化的背景下，教育作为文化的传播和创造载体也必将随之国际化。“全英语教学”作为教育国际化战略的一部分，必将成为高等教育与国际接轨、吸收和借鉴国外先进文化的桥梁与纽带，成为本土化培养“复合型、应用型”国际化人才的必然选择。

1　专业课程全英语教学的必要性分析

在经济全球化大背景下，专业课程推进“全英语教学”，既是教育国际化的必然选择，也是实现跨越式发展、建设国际化精品大学的必由之路。

1.1 本土化培养国际型人才的需要

英语作为国际通用语言，是连接中国与世界的重要桥梁和媒介，更是中国经济管理人才参与国际竞争，加强国际合作，实现中国企业国际战略的基石。实施“全英语教学”的目的不在于进一步推进英文教学，真正目的在于培养学生——未来的企业家，具备能够同国际竞争对手、合作伙伴沟通和对抗的能力，真正成为“面向国际市场竞争、具备国际经营头脑”的国际商务参与者和管理者。

根据我们在学生素质教育过程中的体会，若英文学习与专业学习脱钩，那么培养具有国际竞争力的商务人才是不可能的。出国留学固然是最佳的接收、理解、培养跨国文化思维的直接方式，但受制因素过多使得出国留学并不能成为大多数人的最佳选择。全英语教学作为次佳选择，可以为大多数学生创造类似的语言和文化环境，成为本土化培养国际型人才的间接手段。

用全英语讲授优秀英文原版专业教材可以使学生充分享受世界级大师富有特色的语言表达方式，并能深刻领悟西方学者或管理者的思想精髓、文化特色和战略偏好，在逐渐培养其英文思维方式的同时，对跨文化的管理思想和方法加以研究和借鉴，最终达成知识、能力和素质的综合提升。

1.2 实现跨越式发展的需要

国际化办学理念的更新、知识资源全球化的整合和运作模式的国际接轨是经济全球化时代高校发展的必然选择。高校以全英语教学作为切入点和过渡，利用和借鉴合作办学院校的教学资源和教学经验，积极整合自身的教育资源。比如：合作建设相关专业的教学计划、课程体系；借鉴相关课程的教学资料、教学内容、教学手段以及考试考核规范；合作编写全英语教材、开发案例；联合进行科研项目、互派师资和留学生等，可以逐步实现本土教育与国际教育同步接轨，实现跨越式发展，最终达成国际化精品大学的建设目标。

1.3 服务区域经济文化建设的需要

在以知识作为最重要的生产要素和经济要素的知识经济社会中，人才的最大特点是个性化、社会化、国际化，要实现教育个性化、社会化、国际化，培养创造型人才，就要与时俱进，克服传统教育存在的模式化、僵化性和封闭性，以开放、动态、系统的视角重塑教育理念，优化教育模式。高校作为区域性知识传播和服务的载体，在将地方建设成“国际型、开放型、知识型”和可持续发展的区域过程中，承担着培养“能独立参与国际交往，既具备扎实的专业背景，又精通外语的全英语乃至多语的国际型人才”的职能。全英语教学成为高校培养和输送“思考全球化，行动本土化”、服务地方经济的国际型人才的必然选择。

2 商务学院全英语教学的现状

全英语教学的有效实施是一个系统工程，依赖于各校的师资储备、资金支持、配套政策以及学生英语素质的提升等条件的共同作用，商务学院目前已经基本构架起全英语教学系统建设体系，为可持续推进全英语教学提供了保障。全英语教学改革的深化，需要不断总结、反馈和修正，为此我们课题组成员实施了问卷调查。问卷调查的对象为教师与学生两部分，教师涵盖北京联合大学商务学院基础部和专业系部的英语教师、专业教师；学生涵盖截至2017—2018学年第一学期已经或正在开设全英语课程的教学班。

问卷调查共收到有效教师问卷32份，学生问卷186份，基本为发出问卷的全部。虽然问卷数量有限，但所涉及的问题反映了全英语教学实践中带有一定普遍性和代表性的问题，结果具有一定的参考价值。

2.1 阶段性与系统性

在这个问题上教师与学生分歧较大：其中73%的教师认为“从大三开始，在已有两年公共英语课程的基础上，推进专业课程的全英语教学”，而52%的学生认为“应该从大一开始，与公共英语课并行，循序渐进；不同阶段提出不同要求和目标，逐步推进，全英语教学不断线”。

上述结果说明教师对开展全英语教学持有谨慎、保守态度，对学生英语水平信心不足，希望待条件（学生素质）成熟后再开展；而学生对分阶段、系统化推进全英语教学持有开放观点，希望全英语教学越早越好，逐步深化。这无疑将公共英语改革及其与全英语教学的衔接问题提上了议事日程。

2.2 “教”与“学”关系的界定

56%的教师和42%的学生认为应该“教师指导学生课前预习，课堂上教师阐述相关要点，课下布置作业，锻炼学生用英语分析问题、解决问题的能力”；同时，36%的教师和28%的学生认为应该“学生课下自学，课堂上通过师生互动讨论，由教师检查自学效果并解决疑难问题，提出相关前沿知识”。

选择前者的比例较高这一现象说明，在全英语教学起步和成长阶段，大多数师生将教师的指导、讲授与监督作用放在了首位；而后者正是国外普遍推行的教学方式——以学生为主体的互动教学模式，是全英语教学成熟阶段所应达到的理想状态，但达成这一目标不能一蹴而就，必须循序渐进。

2.3 实施范围

高达76%的学生认为“对专业和外语知识的学习有一定的帮助，所有课程可以全面推进”，说明全英语教学基本实现了“外语与专业同步提高”的教学目标。但仍有24%的学生认为“能力有限，无法全面跟进，应选择适合的课程推进”。这主要看师资力量和学生的接受程度，成熟一门，开设一门，不受具体课程限制，避免不顾及师资和专业、课程的盲目运作和一刀切。

3 思考与建议

本次调查基本上反映了商学院师生对开展全英语教学的认识和期望，同时也暴露了一些矛盾。基于上述调查结果和笔者从事全英语教学实践与研究的经验，我们对专业课程全英语教学改革提出如下建议。

3.1 教学定位

由于我国没有像印度、东南亚、加拿大等国家一样较好的多语言环境，而且普通高校学生入学成绩相对较低，学习基础特别是英语基础比较薄弱，全英语教学定位只能是保留性全英语教学（maintenance bilingual education），即学生刚进校时用本族语教学，以后逐步部分科目使用外语/第二语言，部分科目仍用本族语教学。

对于那些体现民族情结、民族文化、民族精神的课程应保持汉语教学，如：大学语文、古代汉语等；对于那些源于国外、体现国外先进文化与理念、与国际惯例紧密接轨的课程应该使用全英语教学，如：管理学、国际商务、国际金融、国际贸易等，可以开设全英语授课。

3.2 教学阶段

加拿大多伦多大学的大量研究表明，母语非英语者要赶上本土学生、达到学术英语水平至少需要五年的时间，达到流利的交际英语水平也需要两年左右的时间，而且良好的英语环境是必不可少的。目前，加拿大至少有超过三十万具有英语背景的学生在接受各种形式的法语－英语双语教育，这说明全英语教育是有效果的，但不能盲目一刀切，要逐步推进。

高校应该成立“全英语教学”督导组，由各专业带头人、教研室主任、视导组专家共同制定“全英语教学”规划，分专业、分课程统筹设计，注意各门课程的协调及课程安排的梯度。本着循序渐进、可持续发展的原则：从大一、大二的公共课程“全英语教学”导入期，到大二的专业课程“全英语教学”发展期，进而过渡到大三、大四的“全英语教学”成熟期。

在全英语教学的初始阶段，可以在不同的专业开设试点班，逐步积累经验，进而广泛推广。同时，制定“全英语教学”课程建设与评价指标体系、教师选聘与培训条例等相关管理规章，保证“全英语教学”的有序进行。

3.3 教学模式

与上述教学定位和教学阶段性相适应，教学模式可以采取逐步渗透的方式，分三个阶段、三个层次推进。

第一，导入阶段的简单渗透层次，比如教师在上课时可以用英语讲述学科术语和关键词等，给学生以足够多的机会接触外语。此时以教师课堂上讲授为主，学生自学为辅。

第二，发展阶段的整合层次，教师讲课时交替使用中英文，让学生学会如何用外语表达中文内容。教师应指导学生课前预习，课堂上教师阐述相关要点，课下布置作业锻炼学生用英语分析问题、解决问题的能力。

第三，成熟阶段的全英语/外语思维层次，让学生学会用母语和外语来思考和解答问题。学生课下自学，课堂上通过师生互动讨论，由教师检查自学效果并解决疑难问题，提出相关前沿知识。

3.4　教学方法

全英语教学的最终目标是培养“全球视野、本土感觉、规范训练”的应用型、国际型人才，实现学生全面、可持续性的发展。在教学过程中应始终关注学生的发展和能力的培养，讲求原则性与灵活性相结合，真正实现“以人为本”的教学理念。

在全英语教学中，要重新定位“教”与“学”的关系。学生的“学”应该是核心，教师只是全英语学习的组织者、动机的培养者、价值观和态度的引导者，学生进步的评价者。教师在教学中，应积极调动学生学习全英语的积极性，激发学生的全英语学习动机，创造良好的全英语学习环境和气氛。应逐步由“以教师为主导”向“以学生为主体”的互动教学方式过渡。

为了激发学生的学习热情和主动性，课堂活动可采用小组讨论、专题演讲、案例教学和小型辩论等多样化的教学方法，加强师生之间及学生之间的沟通和交流。同时，鼓励学生用英文发言、提问，实在无法表达时，可以辅助用中文进行表述或用英文做总结。

教与学是教学活动中不可分割的两个方面，教的意义依赖于学的存在，学是教的前提。因此，要争取教学效果的实时反馈，通过对学生学习情况的调查评估与沟通，通过问卷调查、小型座谈会等形式，及时了解学生面临的主要困难、学习的兴趣、效果和要求，以便因材施教，提高教学质量。在互联网上建立师生全英语教学沟通平台也是一种不错的选择。

3.5 “学习型”师资队伍建设

教师素质是全英语教学成败的关键因素，进行全英语教学教师除了要具有本学科的知识、技能和能力外，还要精通用作教学语言的外语或第二语言。理想的全英语教学的教师应该具备的素质包括：有过硬的英语语言基本功，口头表达能力强；懂教育理论，了解学生的心理以及二语习得的基本规律；了解中西方文化，能将文化内涵渗透在专业教学中；掌握现代教育技术，能使用多媒体等计算机辅助教学手段；不断更新教学理念，随时了解学科及应用语言学理论的发展。

上述素质的形成要求全英语教师养成终身学习的习惯，同时学校也要采取措施鼓励“学习型”师资队伍建设：加强教师之间的专业切磋、协调与合作，互相学习，共同分享经验；学校要为教师之间进行信息交流、经验分享和专题讨论提供平台，倡导科学精神和实事求是的态度，营造求真、务实、严谨的教研氛围；为教师参加教研和培训提供条件支持；要建立教研激励机制，定期奖励教学研究成果；要尊重和保护教师教学研究的积极性和创造性，引导和鼓励教师上有自己特色的课。

3.6 国际合作，整合现有教育资源

“全英语教学”也应该实施“以我为主，博采众长”的国际化战略，充分利用国际教育资源，尽快实现与合作办学单位相关专业、相关课程的同步接轨。应该在现有国际合作办学取得的经验基础上，通过交流、考察、培训等多种方式，建立“全英语教学”教学管理、教学计划和课程体系的国际规范，教学内容、教学方法、教学手段和考试考核的国际规范，使学生在中国本土接受国际标准的优质高等教育。

跨国教育合作为全英语教师的培训提供了便利条件，我们应该充分利用这一有利资源，加大师资培训广度和力度，将有潜力进行全英语教学的专业教师分期、分批选送到国外进行多种形式的培训，为全英语教学储备师资力量。

同时可以聘请国外院校教师与我院教师同台授课，开创“一中一外”“中西合璧”的教学模式。笔者在试听了北京交通大学“铁路信息管理”

全英语教学课程后，感触到“一中一外”教学模式的最大好处在于：外教讲授基础理论，语言地道、幽默诙谐，互动交流能力强可以弥补枯燥的专业知识带来的乏味，调动学生的学习积极性；中教讲授案例与习题，与中国国情相结合，可以弥补外文原版书缺乏与我国实际相关的本土化案例的缺陷，两者相得益彰。

国际化合作也为跨国科研提供了广阔的平台。外文原版教材固然是全英语教学的首选，但篇幅过长、专业内容相对简单、缺乏本土化案例与习题是原版教材的主要缺陷。在全英语教学的深化阶段，必然要求开发适合中国国情的案例、编写针对不同层次中国学生语言水平的全英语教材、开发音像制品与网络教学的多媒体课件，聘请国外专家参与，进行跨国科研合作是必由之路。

3.7 “全英语”校园文化建设

校园文化是学校教育的载体和延续，全英语教育更需要语言环境的培育。加强全英语教学氛围的整体设计，从教室、活动场地、食堂、办公室、会议室、宣传栏等的布局、设计、装修都应处处营造有利于学生学习外语的氛围；全英语广播、全英语校园网站、全英语海报、全英语标识、全英语影视、全英语报刊杂志等都可以成为全英语学习的载体。

参考文献

[1] 顾志勇. 高等教育国际化维度下的大学全英语教学机制研究 [J]. 教育教学论坛，2014（42）.

[2] 沈克华，雷平，舒红. 互动式全英语教学在国际贸易实务类课程中的效果研究 [J]. 上海对外经贸大学学报，2017（2）.

[3] 王晓华. 我国高等院校商科专业课程全英语教学问题探析与对策研究 [J]. 上海理工大学学报（社会科学版），2016，38（1）：80－85.

[4] 吴婷婷. 阿尔伯塔大学全英语教学方法的特色及其借鉴意义——以“国际金融管理”课程为例 [J]. 广东外语外贸大学学报，2016，27（5）：132－139.

文化影响力在《国际商务》课程中的融入方法探索

钱春丽[1]

北京联合大学商务学院国际商务系副教授

摘　要：“课程思政”作为教学体系是全员全程全方位育人的重要实践，是落实立德树人根本任务的重要载体，也是深化课程改革的内在要求。国际商务课程是国际商务专业的核心课程，本文探讨了国际商务课程在文化影响力价值引领目标实现过程中的课程思政设计思路、设计方案、实施路线。旨在将专业课程思政目标要素融入专业培养目标，有机融入课堂教学，形成教学与育人双向协同效应。

关键词：国际商务；文化影响力；德育目标；德育要素；德育效果

课程的育人作用在专业建设中日益凸显，中共中央、国务院印发的《关于加强和改进新形势下高校思想政治工作的意见》指出：“充分发掘和运用各学科蕴含的思想政治教育资源，健全高校课堂教学管理办法”。习近平总书记在全国高校思想政治工作会议上指出：“要坚持把立德树人作为中心环节，把思想政治工作贯穿教育教学全过程，实现全程育人、全方位育人”，“要用好课堂教学这个主渠道，思想政治理论课要坚持在改进

---

[1] 作者简介：钱春丽（1976—），女，副教授，博士，北京联合大学国际商务系教师，研究方向为国际商务管理。

中加强，提升思想政治教育亲和力和针对性，满足学生成长发展需求和期待，其他各门课都要守好一段渠、种好责任田，使各类课程与思想政治理论课同向同行，形成协同效应”，这是对“课程思政”的科学概括和集中阐发。如何落实全国和北京高校思政工作会精神，将专业课程育人功能加以内化，是专业课程改革的重点方向。《国际商务》课程是国际商务专业的必修课程，本文旨在探索文化影响力在《国际商务》课程中的融入设计思路、设计方案和实施路线，以期实现教学与育人双向协同效应。

1 专业课程思政建设目标及根本任务

在课程思政建设过程中，商务学院国际商务系坚持“支部引领、顶层设计”“突出特色、重点推进”“成果固化、课题延伸”三位一体的建设原则，在支部顶层设计引领下，按照学校要求，确立了“专业有特色、课程有品牌、讲授有风格、教育有效果、成果有固化”的课程思政建设总体目标，把握“立德树人”为根本任务的课程观。通过专题辅导、集体研讨、经验交流和监督评价等内外部推动机制，国际商务系就专业课程思政建设的目标、建设思路和实施路线达成共识，形成了国际商务人才培养课程思政建设总框架。经过充分研讨，依据商务学院“秉持全人教育理念，崇尚社会责任担当，培养熟谙中国情势，肯于创新实干，具有国际视野的商界骨干”这一人才培养使命要求，凝练了国际商务应用型人才培养德育元素特色——“立德力行、志真致用，国际视野、本土行动，心系社会、勇于担当”，将专业课程思政目标要素融入专业培养目标，与国际商学院AACSB认证体系相结合，明确列入课程教学大纲和AOL教学保障检测体系。国际商务专业教师就专业课程思政建设的目标、建设思路和实施路线达成以下共识：

专业课程思政建设的内核——“课程思政”建设是全员全程全方位育人的重要实践，是落实立德树人根本任务的重要载体，也是深化课程改革的内在要求。课程思政作为教学体系，应强化专业课程的教育引领作用，将价值引领贯穿到专业课、实践课及其教育活动，发挥课堂教学的育人主渠道作用。

专业课程思政建设的根本任务——把握“立德树人”的课程观，将理想成长教育、价值取向和专业发展教育有机联系在一起，将专业课程与“四个自信”、公民人格、职业精神、社会主义核心价值观等密切结合，突出国际商务专业人才“全人”教育元素，有机融入课堂教学，形成教学与育人双向协同效应。

专业课程思政建设的目标与路径——坚持“围绕学生、关照学生、服务学生”的理念，坚持以立德树人为根本、以理想信念教育为核心、以社会主义核心价值观为引领，坚持全员育人、全过程育人、全方位育人。国际商务人才培养课程思政建设应做到“专业有特色、课程有品牌、讲授有风格、教育有效果、成果有固化”，典型课程引领，逐步推进，润物无声，持之以恒。

2 课程思政目标设定

2.1 课程学术目标

《国际商务》课程是国际商务专业的必修课程，以现代企业进行国际化经营为主线，以现代企业从事国际商务活动所面临的实际问题为研究对象。教学内容涵盖企业国际化经营所应遵循的国际商务理论、国际商务战略规划和国际商务运营管理实务。通过本课程的学习，学生在知识、能力和素质等方面应该达到以下要求：能够从全球视角理解国际商务活动，辨识国际商业行为与决策的合规性；具有国际商务道德伦理观念，对跨国经营的员工待遇、环境污染、腐败以及道德义务等具有必要的社会责任感和判断能力；理解国际政治、经济、社会及文化等因素影响商务活动的作用机制；能够辨识并确定关键问题，通过分析论证做出合理判断；能够在商务环境中有效进行口头表达，有效完成书面商务报告；能够认同组员对团体的贡献，并能有效与组员进行合作；掌握国际商务的相关理论与方法，主要包括国际贸易理论、国际投资理论、国际经营管理基本原理等；能够将国际商务的相关理论与方法运用于国际商务决策分析中，具备国际商务策划和国际商务决策能力，主要包括国际商务环境的扫描与分析，国际市场进入战略的选择与实施、国际企业的管理与控制等。

2.2 课程德育目标

“课程思政”建设是全员全程全方位育人的重要实践，是落实立德树人根本任务的重要载体，也是深化课程改革的内在要求。课程思政作为教学体系，应强化专业课程的教育引领作用，将价值引领贯穿到专业课、实践课及其教育活动，发挥课堂教学的育人主渠道作用。专业课程思政建设应把握“立德树人”为根本任务的课程观，将理想成长教育、价值取向和专业发展教育有机联系在一起，将专业课程与“四个自信”、公民人格、职业精神、社会主义核心价值观等密切结合，突出国际商务专业人才“全人”教育元素，有机融入课堂教学，形成教学与育人双向协同效应。

依据商务学院“秉持全人教育理念，崇尚社会责任担当，培养熟谙中国情势，肯于创新实干，具有国际视野的商界骨干”这一人才培养使命要求，国际商务应用型人才培养德育元素应体现几个特色——“立德力行、志真致用，国际视野、本土行动，心系社会、勇于担当”，坚持“围绕学生、关照学生、服务学生”的理念，坚持全员育人、全过程育人、全方位育人。

《国际商务》课程作为培养应用型国际商务人才的重要载体，其在文化影响力方面的德育目标为：能够从全球视角理解国际商务活动，理解国际政治、经济、社会及文化等因素影响商务活动的作用机制，能够从文化理解、文化包容、文化尊重的角度展开跨文化交流与沟通。

3 德育元素设计方案

新闻事件：特朗普访华的文化细节[1]

2017 年 11 月 8 日，美国总统特朗普访华，开创了三个第一次：这是特朗普作为美利坚合众国总统，第一次来中国访问；这也是他来到人世 71 年来，第一次来中国；这也是中国历史性大会后，第一个来访的外国国家

[1] https：//www. sohu. com/a/ 203999130_ 534821.

元首。中方此前就表示，中国将以“国事访问+”的规格来接待。在具体接待过程中，所体现出的文化细节值得回味。

文化细节一：直接去故宫

按照外交礼仪，外国领导人来华，中国领导人接待，一般都先在天安门广场举行隆重仪式，奏国歌，检阅仪仗队，鸣放礼炮，热烈欢迎对方的到来。然后，才是座谈、参观和晚餐，等等。但这一次，特朗普一下飞机，马不停蹄直接就赶到了故宫。这显然是一次非常特殊的外交安排。

新华社的报道：特朗普惊叹故宫古建筑群的蔚为壮观，不时兴趣盎然地驻足凝望，仔细品味着朱墙黄瓦、雕梁画栋，更对底蕴深厚、内涵丰富的中国传统文化深表赞叹。两国元首夫妇沿故宫中轴线，依次参观了太和殿、中和殿、保和殿，体会着三大殿中文名称中蕴含的“和”的中国文化传统。太和、中和、保和，都有一个“和”字。和，是深入中国人骨髓的。中国要建和谐社会，中国外交是和谐万邦，不咄咄逼人，推崇和气生财。中华各民族“和为贵”的文化价值观通过故宫游自然而然地推送给了美国总统。

参观完故宫前三殿后，中国领导人还特意向特朗普介绍了中国悠久的历史文化。这一段对话很有意思。

特朗普：中国的历史可以追随到5000年前，（或者更早），所以你们有5000年历史。

中国领导人：有文字的是3000年。

特朗普：我想最古老的文化是埃及文化，有8000年历史。

中国领导人：对，埃及更古老一些，但是文化没有断过流、始终传承下来的只有中国。

特朗普：这就是你们原来的文化。

中国领导人：对，所以我们这些人，都是原来的人，延续着黑头发、黄皮肤，我们叫龙的传人。

特朗普（最后大笑）：太棒了。

国家领导人的文化自信，可以消除误解，化矛盾于无形，从而增进跨文化交流的效果。

文化细节二：小外孙女的中文秀

来而不往非礼也，特朗普的见面礼也十分贴心。根据新华社的报道：特朗普使用平板电脑，向中国领导人展示外孙女阿拉贝拉用中文演唱歌曲、背《三字经》和古诗的视频。

穿中式裙子的阿拉贝拉，一出场就先鞠了两个躬，然后说：习爷爷，您好；彭奶奶，您好；大家好，我为你们唱一首歌吧……懂礼貌，会说话，还又是唱中文歌，又是背中国古诗，格外流利，这么可爱的表现，也难怪中国领导人夫妇要夸她中文水平有进步，夸小外孙女是特朗普的骄傲，是中美友好的小使者。

那可是美国第一家庭啊，对中国文化如此着迷。想来这可能是当天活动中最温馨最自豪的一刻。嗯，特朗普真是有心人，我们提文化自信，他家人通过实际行动表示了支持。

新闻事件：文化与利益的冲突之中美贸易战[1]

美国东部时间7月6日凌晨0：01分，美国正式开始对340亿美元的中国产品加征25%的关税，这是迄今为止经济史上规模最大的贸易战。中国商务部新闻发言人高峰于7月5日的新闻发布会上表示，中国不会在威胁和讹诈面前低头，也不会动摇捍卫全球自由贸易和多边体制的决心。

经济学人智库中国区分析师马志昂（Nick Marro）对《财经》分析，第一阶段清单包括很多消费性电子产品的零部件，如LCD、LED显示屏；第二份清单包含更多的对供应链更重要且高附加价值的产品，如集成电路。第一份价值340亿美元的清单对中美贸易总量毕竟是小数目，不至于伤害太大，但第二清单若实施，造成的附带伤害更明显。从时间点来看，具体伤害效果可能会在8月末至9月初开始显现，各厂商最终会把这些提高的成本间接转嫁给消费者。

特朗普政府官员4月称，对相关产品加征关税的幅度将会让中国企业失去出口的动力。新清单中的半成品清单则将迫使美国企业供应链降低对产自中国的零部件的依赖。Invesco全球分析师胡珀（Kristina Hooper）认

[1] http：//finance. ifeng. com/a/20180706/16371508_ 0. shtml.

为，贸易战的定义是贸易主体之间为伤害对方而限制自对方进口的产品，以此判断，贸易战已经是进行式，问题是什么时候开始对经济造成影响?“我们会在2019年看到实质影响，（具体影响）取决于接下来的贸易情势发展”。

经济合作与发展组织（OECD）警告称，当中、美、欧相互提高关税导致成本上涨10%时，全球贸易量将减少6%，全球GDP将下滑1.4%。英国智库牛津经济（Oxford Economics）则认为贸易战升级将导致全球经济增长减少0.4%。如果特朗普在对500亿美元产品加征关税后，又增加4000亿美元产品的关税清单，这将囊括美国几乎所有自中国进口的产品。其中很多消费性产品是美国消费者无法以相同价格从别处购买的，这对美国消费者会造成压力，同时引来中方做出对等报复回应。最终可能导致制造商将工厂移往东南亚其他国家。

4 德育元素导入路径与效果

构建全方位立体育人格局，知识传授与价值引领是育人的基本实现形式，也是学校最具效能的实现形式。在教育教学中，既要注重在价值传播中凝聚知识底蕴，又要注重在知识传播中的价值引领，实现显性教育与隐性教育的融合。今天的中国日新月异，时时都有大事件发生，如何解读中国故事，做“国际视野、本土行动”的国际型商务人才，传播好中国声音，这是每一位国际商务人才的职责使命。学生不能终日沉湎于虚拟的世界，在虚无缥缈的境界里穿越时空，要积极地融入到火热的现实中，融入到厚重而平凡的历史事件和中国事件中。

《国际商务》课程在案例设计中密切结合专业培养规格、人才培养目标和德育要素目标，将思政教育内容的时代性和开放性特点注入课程建设中。通过课堂教学与实践教学相结合、理论教学与案例教学相结合、线上学习与线下互动相结合等方式，重点通过新闻事件——特朗普访华的文化细节展示（讲授）、图片、视频展示和课堂讨论，引导学生从全球视角理解国际商务活动，理解国际政治、经济、社会及文化等因素影响商务活动的作用机制，树立国际商务人才诚信道德意识、合作共赢意识、社会责任意识、民族自信意识和跨文化交流意识。并将特朗普访华细节与2018年7月6日开始的中美贸易战进行对比分析，将国际商务活动中“没有永久的朋友，也没有永久的敌人，只有永久的利益”这一主题加以呈现，请学生独立思考大国交往间文化与利益的作用机制和战略意图。

同时，借助于优质网络资源，如可可英语、MOOC网、网易公开课（TED演讲）、中国三分钟、Chinadaily、VOA、BBC网站等，精选对接《国际商务》课程的思政教育内容，在提升学生语言能力的同时，分享先进的时代文化、优秀的传统文化，培养学生的爱国主义精神，增强“四个自信”，提升道德品质和综合文化素养，逐渐形成《国际商务》课程思政特色：国际视野、本土行动、战略思维、勇于担当。

文化是超越国界的，通过新闻事件的实时传递和分享，挖掘出其中的文化细节，通过图片和视频的展示，课堂讨论，向同学们传递和引导德育信息：

- 外交无小事，文化是纽带。
- 文化自信是基石，文化尊重是前提。
- 文化理解、文化包容、文化适应是跨文化交流与沟通的基础，外交如此，商务亦然。
- 经济摩擦的处理路径需要在双方文化认同的基础上，回到谈判桌为双方关系面临的挑战找出解决方案。

5 结束语

专业课程思政教育作用并不等于课程思政化，也不是课程或者课堂结束后，转而进行思政上的引申和靠拢，而是全域、全息化地融入思想教育的理念、目的、手段、技巧，应该是“润思政”而细无声，水乳交融，自然融合。坚持学科专业的性质不变、本位不改，需要挖掘其学理、价值、伦理等，作用于学生，让其学会以专业为基础，从专业中引发和专业相连的问题，从而达成思政教育，也就是经过科学学习和训练达到学生修养的全面提高。专业教改中可以开设“专业课程思政案例”专题统一发表，供教师学习、交流，固化成果，形成思政案例资源库。同时，可以教研课题为抓手，在人才培养方案、师资队伍建设、课程建设、科研建设等各方面深入探索，鼓励教师将课程思政改革纳入教学改革与研究系统。在典型示范引领下，形成可持续推进机制和课程品牌效应。

参考文献

[1] 高燕．课程思政建设的关键问题与解决路径［J］．中国高等教育，2017（z3）．

[2] 陆道坤．课程思政推行中若干核心问题及解决思路——基于专业课程思政的探讨［J］．思想理论教育，2018（3）．

[3] 余江涛，等．专业教师实践“课程思政”的逻辑及其要领——以理工科课程为例［J］．学校党建与思想教育，2018（1）：64－66．

模拟谈判法在《国际商务谈判》教学中的应用研究

乔　莉

北京联合大学商务学院国际商务系副教授

摘　要： 模拟谈判法是在国际商务谈判实践教学中最直接有效的教学方法。本文根据笔者自身教学经验，着重探讨模拟谈判法在教学中的实际应用。模拟实施过程包括模拟谈判教学总体的设计、理论讲授结合模拟谈判案例选择、合理分组、模拟谈判前的准备工作、实施模拟谈判、评价模拟谈判等几个关键环节。运用好模拟谈判法，能激发学生学习兴趣，提升团队合作意识；掌握整体谈判思路，明确谈判目标制定；加深谈判理论的认识，灵活调整谈判策略。最后，针对模拟谈判法，从礼仪、专业知识、应变能力方面提出改进建议。

关键词： 国际商务谈判；模拟谈判；教学

国际商务谈判是一门强调实践性和应用性的课程。在传统的教学中，理论讲授、问题回答、课堂讨论、案例教学等，都不能展现现实工作中的谈判场景，向学生提供直接实践和提升实际运用谈判能力的机会，也不能够完全满足应用型人才培养目标的要求。模拟谈判法，是一种最直接有效的教学模式，它可以使学生理论的学习不再是纸上谈兵，可与理论教学有效互补，将课堂的知识及时地运用于模拟实践的真实现场，提高谈判技巧，锻炼实际的谈判技能。

模拟谈判法是指模拟创设一个真实的工作环境，通过具体的案例，预演模拟商务谈判的全过程。这其中根据案例的需要，学生分工担任谈判需要的不同角色，通过谈判前的策划，包括如何进行谈判各方面资料的准备、分析对方需求、制定谈判过程不同阶段的应对策略和技巧，达到谈判目的，从而完成谈判任务。

一、模拟谈判法的设计方案

本方案选定北京联合大学国际商务专业一个班为试点，在国际商务谈判课程教学中使用模拟谈判方法。

（一）模拟谈判法教学的总体安排

1. 理论讲授

首先，在课堂上按照教学要求，讲授国际商务谈判所需的理论知识，有国际商务谈判的理论，商务谈判的准备，商务谈判不同阶段的策略与技巧包括如何开局、磋商、报价、僵局的处理以及签约等，国际商务谈判的礼节礼仪，谈判的语言及心理，不同国家商人的谈判风格等，让学生学习并掌握指导实践模拟的理论知识。

2. 确定合适的案例

根据学生现有的实际谈判水平，没有在校外过多的实践经历，只有从学校到学校这样一个学习的过程，结合理论教学的需求，选择适合的谈判案例，作为模拟谈判的案例背景材料。本方案确定货物贸易谈判类型有关丝绸销售的国际商务谈判案例。

3. 模拟谈判人员分组

整个教学班50多人，共分为10个谈判组，每一个商务谈判组大致包括4~5人，抽签决定甲、乙方对谈组合。每个组确定一个组长，负责组织、管理本组人员进行模拟课后的有关准备及练习。

4. 模拟谈判案例的运用及时间安排

在理论讲授到不同的阶段，要求小组准备相应的内容，进行模拟。模拟谈判总共进行三轮。第一轮，所有小组提前2—3周布置谈判内容，要求都有初步起草的策划书，随机分配对谈小组，每次随课堂最后预留10—15分钟，每次两对小组模拟对谈不同阶段理论教学学习过的内容。例如：第一次对谈，着重模拟谈判双方开场的礼仪及如何进行开局的谈判；第二次对谈，着重模拟过程中的价格谈判及磋商；第三次对谈，如何解决僵局，及至最后如何签约。不谈的小组认真观摩谈判，观察谈判组在谈判中语言、策略技巧的优劣得失。每次模拟谈判之后，教师现场就谈判实际情况进行点评，要求学生通过观摩结合点评，完善策划书，课后模拟练习，为下一轮完整谈判做准备。第二轮，根据上次学生准备的情况，具体指导每个小组的策划文案以及模拟需要着重注意的薄弱环节，准备进行第二轮完整模拟。第二轮模拟评价由各个小组进行打分，并评出一、二、三等奖，所有努力准备的均为入围奖，并有相应的奖品激励，老师只负责后期点评。这一轮模拟在所有理论讲授完毕后进行，模拟后并随之提交此次最终的策划文案。第三轮，发放新的案例，进行最后期末的模拟谈判考试，老师只给出评价分数，学生提交总结报告。

（二）模拟谈判法的方案实施

1. 确定分工

小组内部人员根据成员各自知识水平、特长、专业强项等实际情况，讨论协商，确定案例中不同的角色，经理、翻译、会计、法律顾问，谁是主谈、谁是辅谈等。

2. 信息搜集

各小组需要对教师给定的案例进行分析，确定己方的任务，寻找与案例有关的相关资料。首先要收集对方各方面的背景信息。如：对方所在国家的宗教信仰、商业做法、社会习俗、财政金融状况、资信状况等，就具体案例而言，要了解公司的行业背景、竞争对手、产品的技术、市场占有、发展趋势预测、物流、汇率、详细的财务数据等重要的谈判信息，确定谈判方案，为下一步谈判做好准备。

3. 准备谈判策划书

进行模拟谈判，要求学生必须现做出完整的文案策划书。内容包括：

谈判时间地点选择、谈判双方背景、谈判主题、谈判团队人员组成、双方利益及优劣势分析、谈判目标、谈判程序及策略、准备谈判资料、制定紧急预案、附录。

4. 实施模拟谈判

各谈判小组经过充分准备之后，便进入模拟谈判阶段。第一、二轮的随堂谈判在教室展开，最后期末模拟在专门的谈判室进行。第一轮的模拟谈判按照教学理论内容结合案例，要求随机指定的对谈组真实演练每个不同的环节。第二轮及期末模拟是完整的模拟谈判。其基本步骤包括：(1)进入谈判现场。谈判小组按照要求，应用学过的商务礼仪知识，做好见面阶段的握手、介绍、接送名片、入座等礼仪规范，开始模拟谈判阶段。(2)开局阶段。由各方的主谈人阐述本方谈判的相关事宜，并可以根据己方提前策划的开局策略或者现场的需要，及时营造一种适合己方的谈判氛围。(3)报价及磋商阶段。这是整个模拟谈判过程的工作量最重的环节。模拟谈判的双方各谈判成员，在场面局势是沿着事先预测的情况发展时，就可以按照谈判计划执行，依照事先做好的文案策划书中的内容，充分运用己方所拟定的报价策略和技巧、磋商中的攻防策略和技巧、谈判僵局的策略与突破技巧，与对方展开激烈的不见硝烟的谈判战争。在实际的模拟对谈中，在后期其实需要随时根据谈判实际情况灵活应变，顺势结束谈判过程，达成协议。(4)模拟谈判结束阶段。就主要议题都达成协议后，进入到结束的环节。模拟谈判双方开始草拟并签署协议，模拟谈判顺利结束。

二、模拟谈判法应用的教学效果

(一)激发学生学习兴趣，提升团队合作意识

每个学生都成为了学习的主动参与者和实践者。一场谈赢了的模拟，是整个团队分工合理、互相合作的结果。学生在模拟谈判的准备过程中，表现出比常态更投入、认真的态度。各谈判小组经过课前集体准备、预演，在现场大都呈现出了很强的角色代入感。每次模拟谈判的现场展现，

气氛活跃、针锋相对、唇枪舌剑、真实生动。尤其是在价格及磋商阶段，小组成员各司其职，争取、让步、妥协、达成一致，结束后都意犹未尽。从提交报告来看，学生明确意识到团队配合的重要性，非常认同并且喜欢这样一种教学模式。

（二）掌握整体谈判思路，明确制定谈判目标

模拟商务谈判能够实施的一个关键环节，就是制定谈判计划。这需要按照商务谈判的基本程序，将所学习的有关理论知识，针对模拟进行全盘统筹策划。策划以及谈判策略应对的核心，就是通过需求理论分析，明确双方谈判目标。所有谈判的过程，都是根据目标展开的。通过模拟商务谈判的训练，学生能够搭建甚至掌握全面的谈判思路，并会分析出明确目标，从而展开实际谈判。从实际模拟状况及学生信息反馈总结看，体现了这一点。

（三）加深谈判理论的认识，灵活调整应对策略

课堂讲授理论知识的缺陷，就是学生学起来枯燥、空洞，不能够很好结合实际。国际商务谈判课程中需要通过讲授掌握的所有理论知识，在模拟谈判中都有充分体现。谈判场如战场，情况也会瞬息万变。谈判理论就是指导谈判者以不变应万变。通过模拟商务谈判的开展，对于理论知识如何在实践中运用，学生加深了理解和认识。面对对方提出的各种条件和要求，懂得运用马斯洛需求理论知晓对方需求，从而围绕己方目标，运用谈判中的经济学、博弈、选择等理论，及时调整策略和技巧，沉着应对。

三、模拟谈判法应用的改进方向

（一）调整礼仪知识的教学方法

通过模拟谈判，学生在礼仪表现方面知识欠缺。在课程教学中，对有关商务谈判礼仪已经做过讲授，而且也让随机小组进行了模拟。但是直至第二轮模拟，学生在会面介绍、握手方式、就坐顺序、主客方就坐方向等方面仍有很多错误。今后教学应注意调整合适的教学方法，补足这方面知识的运用。

（二）加强专业知识的复习辅导

在磋商阶段的模拟过程中，有一部分学生就价格而谈价格，不重视涉及产品谈判的品质、包装、数量、保险、运输、索赔等的谈判。部分学生对一些国际贸易规则和术语不懂，尤其是表现在保险、运输等方面，缺乏知识储备。如：对于到岸价 CIF、离岸价 FOB 等专业知识不了解，影响谈判效果。以后教学中，要注意学生复习巩固这方面的知识，学以致用。

（三）强化谈判临场的应变能力

实战经验的缺乏，对谈判需求设定的边界不清晰，导致不能够很好把握对方的心理，不懂得据理力争，不会运用资源置换需求。通过模拟谈判，辅助其他教学方式，让谈判理论烂熟于心，让活学活用的理论指导实践，从而提高谈判的应变能力。

参考文献

[1] 杨震，解永秋．模拟商务谈判案例教程［M］．1版．北京：中国轻工业出版社，2014.

[2] 黄卫平，董丽丽．国际商务谈判［M］．3版．北京：机械工业出版社，2016.

[3] 贺曲夫，徐习景．模拟谈判在商务谈判课程教学中的应用研究［J］．当代教育理论与实践，2017，9（5）：49－52.

[4] 林司悦．基于真实谈判环境下的商务谈判教学方法改革与实践［J］．企业科技与发展，2017（11）.

[5] 蔡俊．模拟谈判法在商务谈判教学中的实际应用研究［J］．才智，2017（14）：153－154.

文化自信融入高校专业课程的有效路径探究

——以国际商务专业“战略管理”课程为例

刘 洁[1]

北京联合大学商务学院国际商务系副教授

摘 要： 高校是文化创造和传播的重镇，是坚定大学生文化自信的前沿阵地，在培育和践行社会主义核心价值观过程中应当发挥积极的示范和引领作用。对于文化自信的培养，需要将其融入专业课程的建设中，真正唤起大学生的“文化自觉”和“文化自信”意识。本文以北京联合大学国际商务专业“战略管理”课程为例，分析了通过企业实践与参观和案例分析两种方式将文化自信融入专业课程建设的有效路径，从而在一定程度上为高校思想政治教育教学体系建设提供新思路，并促使大学生在润物细无声中增强文化自信，自觉把握和践行社会主义核心价值观。

关键词： 文化自信；专业课程；战略管理

1 文化自信与高校专业课程融合的重要性

习近平总书记在党的十九大报告中指出：“文化是一个国家、一个民

---

[1] 作者简介：刘洁（1983—），女，副教授，博士，北京联合大学商务学院国际商务系教师，研究方向为战略管理。

族的灵魂。文化兴则国运兴，文化强则民族强。没有高度的文化自信，没有文化的繁荣兴盛，就没有中华民族的伟大复兴。要坚持中国特色社会主义文化发展道路，激发全民族文化创新创造活力，建设社会主义文化强国。”“文化自信是一个国家、一个民族发展中更基本、更深沉、更持久的力量。”对于坚持文化自信，习近平总书记强调要“培育和践行社会主义核心价值观。深入挖掘中华优秀传统文化蕴含的思想观念、人文精神、道德规范，结合时代要求继承创新，让中华文化展现出永久魅力和时代风采”。

大学文化是高校培育和践行社会主义核心价值观的有机土壤。中华优秀传统文化奠定了大学文化的历史厚度和坚实基础，是社会主义核心价值观的源泉，更是培育和践行社会主义核心价值观的逻辑起点。大学文化的根本特性在于其先进性和引领性；大学不仅是传承与创造优秀文化的主要阵地，更是整个民族文化自觉和文化自信的重要引领者。高校只有把树立学生的文化自信放在首位，大力弘扬社会主义文化，才能牢牢把握社会主义办学方向，把社会主义核心价值观培育好、践行好；才能将社会主义核心价值观真正内化为全体师生的个人价值认同，并在实际行动中积极实践；才能形成以追求真理、崇尚科学为核心的大学文化精神和积极健康、求实奋进的校园文化[1]。

文化自信是高校培育和践行社会主义核心价值观的内在需要。青年学生正处在价值观形成和确立的时期，文化自信对于青年大学生而言尤为重要。习近平总书记在北京大学师生座谈会上的讲话中指出：“我们是中华儿女，要了解中华民族历史，秉承中华文化基因，有民族自豪感和文化自信心。”大学生只有具备了文化自信，才能有探索的勇气、实践的精神，才能坚持正确的方向，才能获得坚定社会主义核心价值观的信心，焕发创新创造的活力。在多元文化的时代背景下，作为培养人才的重要基地，思想政治教育是大学培养具有高度文化自觉和文化自信意识优秀人才的主阵地，也是思想政治教育乃至高等教育的根本任务与方向。习近平总书记曾在庆祝中国共产党成立 95 周年大会上，提出“文化自信，是更基础、更广泛、更深厚的自信。高校是文化创造和传播的重镇，是坚定大学生文化自信的前沿阵地，要将坚定文化自信作为思想政治教育的重要任务”，但对于文化自信意识的培养，仅仅依靠单纯的思想政治课程进行教育是远远不够的，还需要将这种教育融入专业课程的建设中，这样才能真正唤起大学生的“文化自觉”和“文化自信”意识，使其在了解中华优秀文化的基础上，主动树立正确的文化自信[2]。

2 文化自信融入“战略管理”课程的有效路径

2.1 “战略管理”在国际商务专业中的地位与目标

“战略管理”课程是国际商务专业的核心课程，通常是在管理学、国际商务、市场营销以及跨国公司管理等先修课程之后开设的，有助于学生进一步学习资本运营、国际商务谈判等后续课程，在整个专业培养方案和课程体系中具有重要地位。该课程着眼于培育学生战略性思维，开发战略管理能力，是一门通过战略基本理论的学习和战略分析方法的运用，培养国际商务专业学生国际商务决策分析能力的重要课程。通过该课程的学习，使学生能够理解国际政治、经济、社会及文化等因素对企业战略决策及商务活动的影响，提高学生对商务环境的分析、书面报告书写和口头表达能力，并能够辨识并确定企业战略关键问题，锻炼学生有效与组员进行合作，从而提高国际商务决策分析能力。

2.2 文化自信融入“战略管理”课程中的有效路径

战略管理是从系统高度来整合各项业务、各个职能和各类活动的顶层思维逻辑，从管理学层面来揭示“企业为什么能获得持续回报”的基本经济学命题，具体围绕“企业为什么活着”“企业做什么而活着”和“企业如何活得更好”三个基本问题，通过内外部环境分析来界定企业使命、目标和愿景，通过业务领域的选择与组合来确定企业活着的基础，通过持续竞争优势构筑和系统战略实施来保证企业活得更好。因此，在“战略管理”课程中，学生将会大量接触不同企业，通过研究不同企业的战略分析、战略制定、战略实施、战略控制与评价来深入理解战略管理理论。

自改革开放以来，中国从主要吸收外资，到中国企业“走出去”进行海外投资，中国经济发展已进入一个新时代。近年来，国家“走出去”战略不断深化，中国企业走出去已经成为国家战略的重要组成部分。“讲好中国故事”不仅是国家软实力构建的需要，也是中国企业打造世界级品牌、营造良好海外舆论环境的迫切需求。企业是跨国传递文化自信和价值观、彰显国家和民族价值的重要载体。它们不仅传递了本国的文化自信，也造就了自身的文化价值观。因此，在中国企业“走出去”的过程中，不仅可以让中华文化搭乘企业的快船“走出去”，向全世界释放善意和正能量，也可以让外国民众触摸中华文化的脉搏，感受当代中国的活力，从而提高中国民众的文化自信。

因此，对于国际商务专业的学生，将文化自信与专业课程融合的最有效方法便是采用贴近企业、贴近实际的教学方法，在企业实践和案例分析中感受中国企业的发展壮大和企业践行文化自信的成果，同时要深入推动中国特色社会主义文化进课堂，使大学生接受优秀传统文化熏陶，提升他们对于优秀传统文化的兴趣，使他们对于中华优秀传统文化具有热爱和崇敬之心，从而增强中华优秀传统文化、革命文化和社会主义先进文化的吸引力、感染力和凝聚力。以下将以北京联合大学商务学院国际商务专业“战略管理”课程融合文化自信的具体方式为例进行讨论。

3 文化自信在国际商务专业“战略管理”课程中的融入方法

3.1 企业参观与实践

企业参观与实践是学生感受企业文化最直接有效的方式，各高校可以根据其办学目标和使命选择适合的企业来进行参观访问或实践。北京联合大学商务学院是北京市属商学院，其使命是“践行社会责任，推动应用创新，培养商界骨干，服务区域发展”。因此，授课过程中主要选择了北京市比较有特点的老字号企业——雪莲仁立手工坊（非遗馆）进行参观访问，并邀请了公司高层领导对企业的战略发展和转型进行讲解。

3.1.1 企业简介

雪莲仁立手工坊（非遗馆）由北京雪莲集团公司与北京仁立时尚手工

坊文化有限公司联合打造，位于北京市中心的东四南大街17号三友商场4楼，面积近800平米。

雪莲集团前身始于1919年的北京仁立商号。仁立商号是由民国著名教育家、实业家周诒春先生与19名曾在欧美留学的清华弟子联合创办的从事手工艺品的老字号。周先生也是清华大学的奠基校长。仁立商号在中华人民共和国成立之初已经成长为大型的股份制实业公司。其代表性人物凌其峻先生是我国著名实业家，是中国现代陶瓷第一人，是北京民建领导人之一，解放后任全国工商联副主委和北京市政协副主席；另一位代表性人物朱继圣先生也是著名实业家，是天津民建领导人之一，解放后任天津市政协副主席、工商联副主委。仁立公司在手工艺界的代表性人物是“乱针绣法”创始人杨守玉先生。她的刺绣作品“罗斯福总统肖像”被美国白宫收藏；林徽因先生为仁立商号设计的景泰蓝作品风靡民国几十年，她还与其夫梁思成先生共同设计了仁立地毯公司铺面（该设计是中国建筑艺术杰作）。仁立公司生产的“天马牌”女工地毯畅销欧美几十年。

1955年仁立公司响应国家号召成为第一批公私合营的企业。在彭真市长的亲自过问下，仁立公司于1958年开始攻克羊绒分梳技术，更名“北京仁立麻纺厂”后在1964年注册“雪莲”商标，生产出新中国第一件羊绒衫，进入20世纪60年代末，仁立公司几次更名后成为现在的雪莲集团公司，并引领羊绒行业50多年。今天的雪莲集团已历经98年。

当下雪莲集团正在实现企业文化转型，北京仁立时尚手工坊文化公司在挖掘仁立历史的基础上与雪莲集团合作，不忘初心，正在打造一个完整的具有仁立手工艺历史特色的手工艺平台。雪莲集团拥有厚重历史和品牌优势（驰名商标和中华老字号）及十万平米物理空间。在党的“文化自信”号召下正在实现文化转型。手工坊（非遗馆）目前已签约各门类非遗大师30多位，设立染坊、织坊、绣坊、金属工艺坊、手编坊、书坊、世界手工坊和高级定制坊。拥有缂丝车间、工笔画室和正在筹建的云锦车间。店内有非遗作品近千件。开业一年来，举办非遗体验活动近百场，有老干部活动、企业党建主题活动、工会活动、董事会活动、亲子活动、大中小学生课外活动和国外友人活动等，参与总人数达三千余人。

3.1.2 在雪莲集团理解企业战略发展，感受中华优秀文化

当学生们走入雪莲集团时，很容易被陈列在手工坊的文化作品和挂在墙上的照片所感染。对这些文化作品有了初步的感性认识后，再由企业的高层领导对企业的战略发展进行讲解，学生就更容易理解企业战略的发展演变。在学生们参访那天，雪莲公司赵总为学生们讲述了雪莲品牌的历史、发展阶段与新时代雪莲公司的战略转型思路与举措。当前雪莲集团正在进行的企业战略转型，正是要打造一个完整的具有仁立手工艺历史特色的手工艺平台，这恰恰是要弘扬中国传统文化，增强文化自信。在对企业战略发展进行讲解之后，赵总带同学们参观了手工坊，讲述了手工坊墙上所展示照片的故事以及手工作品的出处和意义。最后，同学们亲自体验了手工坊的非物质文化遗产——蜡染，每人带回一件亲手制作的蜡染作品。

通过在雪莲手工坊的亲身体验，同学们既了解到雪莲集团战略转型的原因与思路，又体会到雪莲集团坚持做文化产业的意义和非物质文化遗产的魅力，使学生们深刻认识到中华优秀传统文化是中华民族的“根”和“魂”，是中华民族的突出优势。学生们从中华优秀传统文化中得到滋养、获得底气，从而提升了对于优秀传统文化的兴趣，使他们对于中华优秀传统文化具有热爱和崇敬之心，从而增强中华优秀传统文化、革命文化和社会主义先进文化的吸引力、感染力和凝聚力。

3.2 案例分析

改革开放40年来，随着中国经济的快速发展，中国企业在规模与实力、公司治理等方面都有了长足进步，在中国经济社会活动中发挥着重要作用。根据《财富》杂志发布的世界500强排行榜，截至2017年6月，中国进入世界500强的企业达到115家，居世界第二。[1] 很多中国企业，不论是国有企业还是民营企业，在走向世界的过程中都在努力践行文化自信，在书写自己的商业传奇的同时也浸满了文化自信。以这些企业的战略发展为例，让学生们进行案例分析，不仅提高学生们理论联系实际的能

---

[1] 数据来源：榜单丨2017年世界500强排行榜（中国企业入选名单），https：//www.sohu.com/a/158976908_ 163524。

力，而且在感受企业文化自信的同时提高学生的文化自信。以下将通过海尔收购 GE 的案例予以说明。

2016 年 6 月 6 日，美国时间，路易斯维尔，海尔与 GE 两大巨头企业顺利结成联盟。双方签署所需交易交割文件，总额约为 55.8 亿美元的交易作价，海尔向 GE 及相关主体支付完毕。海尔将通过自有资金（40%）和贷款（60%）方式来完成。其中 33 亿美元的贷款主要由国家开发银行发放。

2017 年 10 月，张瑞敏在接受记者采访时表示，“他们接受了人单合一的模式。到现在为止，可能是美国大企业里唯一一个打破层级制，采用自主管理，变成一个自主的创业团队。虽然现在做得不够好，但效果已经显现出来。今年 1—9 月份，他们的营业收入和利润增长速度比过去同期增长了 2—3 倍。我觉得我们将来一定要让中国模式成为最好的模式。中国模式是最好的。”

张瑞敏还说：“美国《财富》杂志的记者采访我，在美国做兼并没有派一个人来，怎么改变他们？我告诉他，就像西方人熟悉沙拉一样，我们兼并了很多国际上的企业，但我不改变你的形态，你要统一利用我的模式，也就是蔬菜保持各自的形态，但是沙拉酱是统一的。我觉得这是真正地体现了两个字，就是自信，总书记提出的四个自信。我个人认为‘四个自信’说到家就是四个字——中国自信。”

在分析此案例时，可以向同学们提问并让同学们讨论：案例中的“四个自信”指什么？海尔的企业文化是什么？海尔成功收购 GE 并且让 GE 在一年后营业收入和利润翻倍的重要因素是什么？企业文化的作用是什么？通过一系列的问题，引导学生认识到企业文化是企业的灵魂，是推动企业发展的不竭动力。它包含着非常丰富的内容，其核心是企业的精神和价值观。这里的价值观不是泛指企业管理中的各种文化现象，而是企业或企业中的员工在从事经营活动中所秉持的价值观念。

事实上，海尔从 2012 年开始实行网络化战略，创出互联网时代的管理模式，组织变革目标是共创共赢的生态圈，方式是小微、创客。海尔的网络化战略不仅是自保行为，也是向平台提供者晋级，海尔的新模式也得到了国外专家学者的高度评价。美国宾夕法尼亚大学沃顿商学院教授马歇尔·梅耶指出，海尔商业模式和管理模式充满创新，已跳出了现代管理传统思维，从传统制造业企业变成了一家平台，而内部员工、外部创客和用户的参与，则使平台变得更加有价值和可持续性。从传统企业向平台型提供者转型，体现了海尔“兼济天下”的豁达，也体现了中国传统的文化维度和精神力量。中国企业优秀的文化包含着中华优秀传统文化，企业在进行国际化战略时，优秀的企业文化能够感染国外企业，推动企业并购顺利进行，并使得并购后的企业迅速融合。

此外，还有很多中国企业在发展的过程中形成了自己的管理模式，并体现了中国优秀的传统文化。比如，万达集团作为中国最出色的民营企业之一，在企业发展的同时，积极践行文化自信，为推广中国文化做出了重要贡献。一方面，万达长期坚持对员工进行中国优秀传统文化教育，逐步建立员工对中国文化的自信。另一方面，万达集团带头向全球推广中国文化。首先，万达集团努力让中国电影走向世界。万达集团是世界电影史上首个跨国院线集团，在全球并购了美国 AMC、澳大利亚赫伊斯、欧洲欧典等院线。万达集团通过自己掌握的院线等资源，把中国电影推向了全球。从 2012 年到 2016 年，累计在海外放映中国电影 162 部，占中国电影海外票房的 80%。其次，建立中国企业管理全球影响。万达的高速发展和成功的国际化印证了中国企业管理模式的先进性，中国企业管理模式的背后是中国文化，《万达哲学》全球发行传播的就不仅是中国企业管理思想，而且是传播中国文化，使中国文化更受世界尊重。其三，打造高端酒店管理全球品牌。目前万达已成为全球最大的五星级酒店业主，目前已开业 100 多家五星级酒店，在伦敦、芝加哥、洛杉矶、悉尼等世界核心城市地标地段建设和管理了一批万达酒店。其四，实现重大文化产品出口。万达还成为除美国迪士尼、环球外，世界第三个大规模出口重大文化产品的企业。万达全球首创了大型文化旅游中国品牌——万达文化旅游城，简称万达城，目前已在海外签约巴黎、德里、吉隆坡 3 个万达城，其中巴黎万达城已进入实施阶段[3]。

这些生动的案例既能将企业的发展战略与战略理论相结合，又能使学生们在分析案例的过程中感受中国优秀的传统文化，理解中国企业在实现自身发展的过程中如何实现文化自信，从而提高学生们的文化自信和文化自豪感。

4 结 语

中华优秀传统文化蕴含着大量的思想政治教育资源，弘扬优秀传统文化，新时期加强和改进大学生的思想政治教育，并将其融入到各专业课程中，这在一定程度上能为高校思想政治教育教学体系建设开拓新天地，从而促进大学生自觉把握和践行社会主义核心价值观[4]。当前，北京市已有很多高校要求各类课程所挖掘的思政元素和内容要进入教学大纲，进入教师教案，并在课时、学分、备课、考核等方面做出具体安排。思想政治理论教育从教材到教学是一项整体性、系统性、开放性工作。思政教育融入专业课题，需要基于“思政课”这样一个“核”出发，注重专业课设计与外延延伸，从而构建学科体系，构建中国格局，形成中国话语。基于文化自信的思政教育能够使学生在对中华优秀文化传统认知基础上形成强烈的文化认同，从而增强民族自信心和自豪感，实现其对优秀传统文化的自觉、自信和自强。

参考文献

[1] 印亚军，徐惠忠．文化自信：高校培育和践行社会主义核心价值观的基石[J]．常州大学学报（社会科学版），2014（6）：23－26.

[2] 张志娟，秦东方．大学生文化自觉与文化自信培育途径研究［J］．思想政治教育研究，2013（6）：126－130.

[3] 王健林走进中国政法大学谈文化自信，http：//www.sohu.com/a/140322698_423812.

[4] 张华春，季璟．新时代文化自信视阈下优秀传统文化与高校思想政治教育融合路径研究［J］．华北电力大学学报（社会科学版），2018（3）：120－125.

大学生学习动机分析及培养激发对策研究

王宗桃

北京联合大学商务学院国际商务系教师

摘　要：大学生对学习没有兴趣或缺乏动力却又不得不为之时，就会感到厌倦、疲乏、沮丧和遇到挫折，从而产生一系列不适当的逃避学习的行为。在大学校园里，各种热潮、热点、热浪层出不穷，几乎所有的“热”都与学习无直接的关系，好像唯一不热的就只有“学习”了。本文针对目前大学生的学习动机现状，回顾了国内外学者有关大学生学习动机的研究，对当前大学生学习的现状及动机进行了总结分析，并对影响大学生学习动机的因素进行了剖析，探讨提高当代大学生学习及学习动机对策。

关键词：学习动机；培养激发；对策

当前社会是一个学习型的社会，而大学生是这个社会中的主力军，大学生学习积极性的调动、学习的心理效益和社会效益的提高问题，在根本上是学习动机的培养和激发，而要卓有成效地培养、激发大学生的学习动机，就要摸清他们学习动机的现状及其影响因素，研究其发展变化的心理规律。

学生对于学习的兴趣通常称之为学习动机，学习动机是直接推动学生学习的一种内在动力，学生一旦有了学习自觉性，就会对学习迸发出极大的热情，表现出坚毅精神，产生积极行动。因此，培养与激发学生的学习动机是十分必要和重要的。作为教师应该在了解学生学习动机激发与培养的意义的基础上，根据当今学生的实际情况，培养与激发学生的学习动机，调动大学生学习的积极性。

一、国内外心理学家对动机理论的研究演变概况

动机，在心理学上通常是指直接推动人们趋向某种目标的内部动因，是激发和维持目标并指向行为的内部过程。学习动机是一种社会性动机，是社会和教育的客观要求在学生头脑中的主观反映。随着社会和教育的发展，学习动机也在不断地变化，而且受个体对社会的认知及差异左右，因而也决定了其复杂性和多样性。

西方心理学领域对动机的研究创立于19世纪中后期，以后随着对动机的探索从猜想、思辨的方式走向科学实验论证，理论也逐渐走向多元化和成熟化，对动机的研究逐渐系统化和科学化，出现了各种动机理论流派。有代表性的主要有四种理论。

1. 本能主义动机理论

这一理论主要受达尔文进化论的思想影响，该理论将人类行为都归结为由本能引起的，注重探索人的自然动机，并提出了本能分类。但本能论往往不对行为做出解释。

2. 行为主义动机理论

行为主义心理学家赫尔从大量的动物实验中得出了最早的系统动机理论——驱力论。驱力是指由生理或心理方面的需要引起并推动有机体从事满足这些需要的行为内部唤醒状态，强调驱力在行为激起中的作用。行为主义动机理论还有诱因论。巴甫洛夫的经典条件作用理论和斯金纳的操作条件反射理论是诱因论的核心。诱因论强调外界诱因在行为激起中的作用，涉及外部的刺激、奖赏、目标等如何引导行为的发生。

3. 人本主义动机理论

马斯洛是人本主义心理学代表人物，他强调需要对人类行为的作用，他认为人的行为都是有目标的，而需要产生目标，不同的人其需要也不同，需要会随着时间等因素的变化而变化。需要论对于理解人类的行为动

机有较重要的启发和指导作用。

4. 认知理论动机理论

认知心理学家们从认知角度来探讨动机问题。勒温的场论认为生活空间、心理冲突、志向水平等研究是现代认知动机理论的基础。海德的归因论认为导致个体行为的原因有外部和内部两方面共同起作用，但其中一方面起主要作用。控制个体行为的关键是弄清其行为是内部原因引起的还是外部原因引起的。维纳认为控制个体行为的因素可以归纳为内在和外在、稳定和不稳定、可控和不可控六个范畴。班杜拉提出了自我效能论，认为个人的行为由外在目标、结果因素所转化，通过认识结果来解释动机。成就目标理论中，成就目标可分为两种：学习目标、成绩目标。

国内外心理学家对学习动机理论的研究在20世纪60年代以前主要受行为主义影响，注重探讨个体行为的外部原因，如成功与失败、表扬与责备、奖励与惩罚、合作与竞争、结果与期望等因素。认知主义理论在60年代以后成为研究的主流，之后又提出了归因论、自我效能论、成就目标论、自我价值感论等学习动机理论，社会认知取向的学习动机研究成为了研究的主流。赫尔认为学习活动可分成三种动机类型，即目标取向、活动取向和学习取向。比格斯认为学习动机可分为四类，即外部动机、内部动机、成就动机和社会动机。

我国关于学习动机的研究发展比较晚，一直到20世纪80年代初才开始起步，并且多是受到国外理论和实践研究的启发与引导，并且以中小学研究居多。近年来，对大学生学习动机的研究，主要是对其特点、结构、差异及其影响因素的研究。毛晋平（1995）认为大学生学习动机特点有四个方面：学习动机复杂多元，且极不稳定，学习目标不明；学习动机、目标多指向近景性、直接性方面；学习动机、内容多功利性和实惠性；学习的成就动机强度呈中等水平。鲁克成等人（1992）认为大学生学习动机有三个方面特点：学习动机具有多样性、学习动机呈现动态性的发展趋势、学习动机矛盾的两面性。大学生学习动机存在明显的性别差异。黄庭希的研究发现，大学生中男生和女生有着明显不同水平的学习动机，特别是在社会取向、害怕失败、个人成就、小群体取向这四种动机上，男、女生存在显著差异。社会取向、害怕失败和小群体取向上女生的动机水平显著高于男生；在个人成就上男生的动机水平则显著高于女生。池丽萍等人在研究中发现，在内部动机中，在挑战性维度上男生的动机水平显著高于女生；在外部动机中，在依赖他人评价维度上女生的动机水平显著高于男生。张宏如通过研究发现，女生比男生有更高的动机水平。张爱莲在研究中发现，女生学习积极性高于男生。

二、大学生学习动机现状及其形成原因

1. 大学生学习动机不足，学习主动性差

学生学习动机强烈与否，与学习任务密切相关，学习动机强烈，完成学习任务的信心和决心就大，克服学习过程中遇到的困难的意志就强。否则就相反。或者表现为对自己要求不严，行为懒惰，不愿上课、不愿意动脑筋、不完成作业，贪玩、学习上拖拉，散漫，怕苦怕累，并经常为自己的懒惰行为找借口。另外则是容易分心，动机不足的学生注意力差，不能专心听讲、不能集中精神思考、兴趣容易转移，满足于一知半解，行动忽冷忽热、情绪忽高忽低。学习动机的不足还表现为厌倦情绪，对学习冷漠、畏惧，常感厌倦，对学校与班级生活感到无聊。有事没事就装病请假，想尽办法逃学。学习中无精打采，很少享受学习成功带来的快乐。缺乏方法，动机不足的学生把学习看成是奉命的、被迫的苦差事，因此不愿积极寻求一些适合自己的学习方法，满足于死记硬背，应付考试。由于缺乏正确灵活的学习方法和策略，所以不能适应新的学习情境。同时还表现出独立性差，学习上没有明确的目标，学习行为表现出从众与依附性，随大流，极少有独立性和创造性。张建玲研究认为：扩招后我国大学生的学习动机在内容、结构上确实有所变化。主要表现有三，即报答、求知、就业与生活、成绩目标是扩招后我国大学生的主要学习动机，且其多元化趋势更加明显；报答型动机是当前大学生最强烈的学习动机；动机的个人取向更强，社会属性较低。大学生在动机因素——就业与生活、消极回避、报答和成绩目标上存在显著的学历差异，在动机就业与生活、报答和消极回避上存在学历与专业的显著交互作用，在动机成绩目标上存在学历与性

别的显著交互作用。大学生在动机消极回避上存在显著的专业差异。大学生在动机求知、报答、社会奉献上存在显著的性别差异。大学生在学习动机上的性别差异主要体现为，女生比男生更渴望通过求知来提高个人素质并获取思想上、经济上的独立，同时，在学习上有更强的自我表现倾向，更渴望获取好的学业成绩和奖励，对继续学习深造也表现出更高的欲求。男生的社会取向动机比女生要显著强些，而女生在报答型动机上比男生要显著强，男大学生更倾向于将学习目标指向外部社会，在更广阔的范围内追求成就和地位，而女生的成就动机则始终带有较强的亲和色彩。

2. 学习目的不明确，学习方法不恰当，自控能力不足

自我期望值太高。很多学生上学都是由父母或者监护人做主，他自己对学业成就没什么追求；学生没有努力的方向，得过且过，对自己要求很低，怕吃苦，无进取心，对学习自然就没什么积极性。

找到合适的学习方法，合理科学地安排时间，才能做学习的主人，在学习上取得成功。很多学生在课堂上认真听讲，课后及时复习巩固，老师眼中的他是认真听讲的学生，同学眼中的他是努力学习的同学。但由于学习方法不恰当，每次测试的成绩大都不是很理想。这样的结果，一次两次他们还能接受，但次数过多，他们就会感到颓废、沮丧，对学习失去信心。有些学生知道自己为什么要学习，对学习充满兴趣和激情，但好奇心很重，注意力容易分散。他们的学习状态很容易受情绪的影响，一会儿对学习充满兴趣，一会儿对别的事物产生兴趣；他们一旦对事物产生兴趣，就会全身心投入其中。因此，一旦他们对其他事物的兴趣大于对学习的兴趣，就会忘记学习。

3. 大学生学习动机存在一定的年级差异

刘淳松研究发现：在求知进取动机上，一年级学生的动机水平低于二、三年级；在物质追求和个人成就动机上，一年级学生的动机水平低于三年级；在小群体取向动机上，一年级学生的动机水平显著高于三年级。张宏如的研究从知识、经验和技能三个方面出发，发现学生认为三个方面之间的重要性差异不大，一般在三年级下降较快，在四年级上升较多，甚至出现反弹。在知识上，随着年级上升其重要性反而下降，但学习方法却

上升，特别是在四年级。在经验和技能上，一年级学生的主要兴趣较高，二、三年级动机呈下降趋势，但四年级动机又重新回升。

4. 大学生学习存在倦怠现象

高丙成研究发现大学生学习倦怠的特点：大学生学习倦怠水平存在年级差异，一、二年级学习倦怠水平明显高于三年级，其他年级之间差异不显著，总体趋势是随着年级的升高学习倦怠水平呈下降的趋势，但四年级的学习倦怠水平比三年级略有提高但差异不显著。这可能是因为一年级学生还没有完全适应大学学习环境和生活方式，对学业表现出一定程度的“迷茫”和“困惑”，因此其学习倦怠水平最高。随着大学生活的不断丰富，二年级开始对专业学习的认同度逐渐提高，也逐渐适应了大学的学习方式并逐渐形成了自己的学习方法和策略，因此学习倦怠水平有所降低。经过两年的专业知识学习，三年级开始对自己所学专业的认识不断深入，对所学专业有了更清楚、更深入的了解，专业认同度不断增加，一部分学生开始准备考研，逐渐喜欢上了专业学习，因此其学习倦怠水平达到最低。四年级学生虽然对学习的目标和方向有了更清楚、更深入的认识，但由于面临大学毕业，找工作的压力增大，还要应对毕业论文、实习实践等，往往需要面对学习、工作、恋爱、生活等多重问题与矛盾，因此其学习倦怠水平相比三年级又有所提高。

研究发现文科生的学习倦怠水平低于理科生。随着年级的升高学习倦怠水平呈现下降的趋势，但是大学生的学习倦怠不存在性别差异。大学生学习倦怠分成涅槃型、激励型和衰竭型 3 种，不同类型大学生的学习倦怠差异显著。涅槃型大学生的学习倦怠程度最低，衰竭型大学生的学习倦怠水平最高，而激励型大学生的学习倦怠水平处于涅槃型和衰竭型之间。学习倦怠和学习投入、学习绩效、学习流畅感、学习幸福感显著负相关；不同倦怠类型大学生的学习投入、学习绩效、学习流畅感、学习幸福感均差异显著。

5. 影响我国大学生学习动机的主要因素多样

张爱莲通过调查分析归纳出影响大学生学习动机的因素，动机水平依次为：生存与发展、求知与完善、责任感、上进心、成功的激励、考试压力、父母的期望。妨碍大学生学习动机的因素依次为：专业与课程设置不合理、学习目标不明确、学校某些管理方式欠妥、学校条件限制、课堂教学方式死板、课程安排不合理。池丽萍等人的研究发现，自我效能感高的学生充满自信，学习动机有较强的内在性，而较少受制于外部因素。

三、大学生学习动机的培养和激发

刘锦梅等人认为培养和激发大学生学习动机可以从5个方面入手：树立正确的人生观、提高学生的认知能力、激发学习兴趣、将个人内部动机转化为社会性动机、使学生明确学习是完善与自我发展的要求。鲁克成等人也提出了激发大学生习动机的5条途径：进行人生观教育；明确学习目标；创设问题情境，激发学生新的求知需要；重视学习的反馈；适当引入竞争机制。

1. 引导学生认识人生价值与知识价值，追求学习高境界

为了培养和激发学生的学习动机，必须对学生进行人生观、价值观的教育，通过多种形式的思想教育活动帮助大学生树立崇高的学习目标，激发起发奋学习的强烈情感，使学生将社会外部需求转化为个体内部需要，成为自己的学习动机，以支撑强大的、持久的、积极的学习动力系统。帮助大学生树立正确的学习目标，使他们认识到，学习不仅是人成才和立足于社会的基础，而且是国强民富和大学生服务社会的必要条件。让学生了解到在知识经济时代，知识是经济发展的核心和关键。

2. 培养学生学习兴趣，形成学习原动力

兴趣是积极探究某种事物或进行某种活动的倾向，这种倾向使人在认识过程或活动过程中对某事物带有稳定、主动、持久的指向性，是人们行为的内动力。对大学生学习而言，学习兴趣是活动的原动力，学习兴趣是大学生学习动力中最活跃、最现实的成分。当学生对某事物具有兴趣时，这种兴趣就会驱使他积极地从事这方面的学习活动，从而获得比别人更多的知识，能力更强。因此，培养浓厚的学习兴趣是增强学生学习动力的一种重要途径。

大学生的学习兴趣应以自己的专业兴趣为中心。引导学生对自己专业

的发展前景有所了解，了解越准确、越具体，就越能激发学生的学习兴趣和动机，真正进入角色。让学生多参加社会实践活动，在实践中感到知识和能力的不足，以激起更强的学习需要。同时要不断地改革高校的教学内容和教学方式，运用现代教育技术手段，把学生的兴趣吸引到课堂学习中来。

3. 创建优良的学习氛围，增强学习动机激励效应

大学生的学习行为方式不可能脱离特定的学习环境，总要在与教师、同学、家长和社会的接触中受到影响，更为直接地受到学校环境的影响。高等教育和管理工作者要注重创造良好的校园学习环境，特别是要努力形成良好的校风，因为它对于学生的学习具有直接的感染力。大学生动机的形成和强化，在很大程度上依赖优良校风。校风主要包括教风和学风两个方面。大学校园的学习风气是学生学习状态的总体反映，也是校园中师生的治学精神、治学态度和治学方法，既是人们科学的世界观、人生观和方法论在治学方面的体现，也是学生良好思想道德、心理特征学习行为的具体表现。学风的形成与许多因素有关，如社会风气、教学风气、管理模式等因素，教育和管理工作的一个重要职责就是要排除不良风气的干扰，营造积极进取的氛围。教风对于学风至关重要，教风的好坏对学生的学风起着直接和不可估量的作用。教师的思想水平和治学态度对学生具有强烈的熏陶、激励和示范作用。教师的渊博知识和严谨的治学态度以及富有启发性的教学，会引起和增强学生的学习动机，调动学生的学习积极性。因此，组织和激励教师以知识的魅力激发和吸引学生学习的兴趣，用行动的感召力呼唤学生学习的热情，以奉献和敬业的精神力量增添和强化学生的学习动力是十分重要的。

大学生群体的年龄、经历、文化程度等因素非常相近，相互接触的机会最多，相互影响也最大。大学生群体的学习风气对每个人的影响都很大，特别是经常接触的同班、同寝室的同学，相互之间的影响更大，他们各自的认识和行为具有互相参照的意义。从心理学的观点看，如果动机来自参照组中其他成员的暗示，则容易形成和持久。这种影响，可能是积极的，也可能是消极的。因此，我们应该加大学生班级和学生寝室建设的力

度，创造良好的校园秩序和浓厚的学习风气，发挥环境育人在促进学生学习动机方面的积极作用。

参考文献

[1] 彭耨龄. 普通心理学 [M]. 北京：北京师范大学出版社，2002.

[2] 池丽萍，辛自强. 大学生学习动机的测量及其与自我效能感的关系 [J]. 心理发展与教育，2006 (2)：64-70.

[3] 张宏如. 大学生学习动机研究 [J]. 江苏工业学院学报 (社会科学版)，2005 (2)：62-64.

[4] 刘浮松，张益民，张红. 大学生学习动机的性别、年级及学科差异 [J]. 中国临床康复，2005 (20).

[5] 高丙成. 大学生学习倦怠的类型及其对学习的影响 [J]. 中国特殊教育，2013 (12)：84-89.

[6] 张建玲. 扩招后我国大学生学习动机的因素结构研究 [D]. 湖南师范大学，2004.

[7] 刘健. 地方高校大学生学习动机现状与对策——以广东为例 [J]. 高教探索，2007 (3)：120-123.

[8] 张翀，肖志华. 大学生学习动机激励机制探讨 [J]. 学校党建与思想教育，2000 (12)：31-32.

[9] 刘锦梅，熊敏. 论激发大学生的学习动机 [J]. 江汉石油职工大学学报，2003 (3)：25-26.

[10] 鲁克成，宋卫.《了凡四训》对提高大学生道德修养的启示 [J]. 科教导刊 (上旬刊)，2013 (2)：86-88.

基于AOL保障体系的应用型课程建设研究

——以《BOSS经理人经营决策实战演练》为例

赵 进 潘月杰 李剑玲

北京联合大学商务学院国际商务系教师

摘 要：本文以《BOSS经理人经营决策实战演练》课程为例，对企业模拟经营类课程的应用型课程建设情况进行了介绍，指出了课程建设目前存在的问题，并就AOL保障体系对应用型课程建设的积极作用做了分析和总结。

关键词：应用型课程；AOL保障体系；课程建设

一、引言

2015年以来，教育部明确提出本科教育要向应用型、技术型转变，促进高校直接面向地方和行业发展需求培养人才，提高人才培养质量。与其他专业相比，商科专业更强调教学的实践性与应用性。在这一背景下，我国高校商科专业近年来广泛开设商业企业模拟经营课程。通过模拟经营，帮助学生整合所学专业知识，了解企业运作规律，熟悉企业运作流程，理论联系实际，提高沟通和决策能力，提升团队精神和创新实践能力，成为满足社会需求的综合应用能力人才。为此，凸显实践能力培养的应用型课程建设就显得尤为重要，需要每一位教师改变观念，加强教学内容的改革与建设，不断完善培养方案，优化课程体系，以学生的实践技能为重点，加强应用型人才的培养。

二、应用型课程建设内涵与属性

课程，可以被简单地定义为“学习的进程”。应用型课程是实践经验的集成及其获取过程，其目标是能力训练而不是系统知识的习得。对于学习者来说，知识不是先验的而是经验的，不是静态的而是发展的，不是封闭的而是开放的，不应被动地受制于某个僵化的知识系统的约束，而应在实践活动中主动建构自己的知识和智力系统[1]。可见，应用型课程建设要通过引入实践驱动、能力导向、学生中心的理念，从源头上解决相关学科知识的选择、更新、组织和呈现诸问题，须要面对课程目标和课程内容重构的挑战[2]。

应用型课程具有三个属性：一是教学内容具有先进性，学生能力和素质的培养能跟得上产业发展的要求；二是教学实施具有理实一体性，倡导目标性指导原则下的有效学习；三是教学过程具有持续改进性，需要通过对专业培养目标达成度的评估，反馈并改进课程目标与教学内容。

三、《BOSS 经理人经营决策实战演练》应用型课程建设现状

《BOSS 经理人经营决策实战演练》是本院国际商务专业开设的集中实践类专业必修课程，综合了本专业（方向）的多门学科大类课程、专业必修课和专业限选课程的内容，在理论知识都已经学习完毕的前提下，运用 TOP - BOSS 教学软件模拟企业进行生产经营活动，将相关理论课程中用于实践的部分加以提炼，使学生在规定学时内完成综合训练，熟练掌握企业经营管理的过程、技能与技巧，增强企业战略管理意识和能力，提高综合职业技能和团队协作创新能力。

《BOSS 经理人经营决策实战演练》课程将课程内容、教学方法和教育技术三个基本要素整合起来，建设应用型课程的多维整合设计[3]，如图 1 所示。

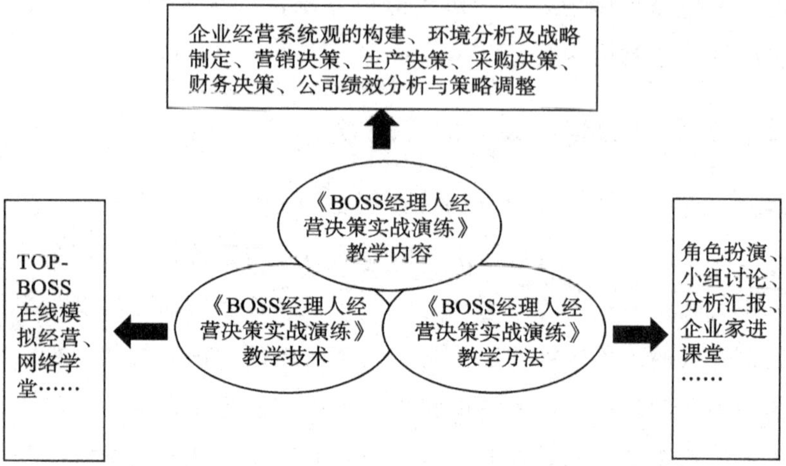

图1　《BOSS经理人经营决策实战演练》课程设计

在教学内容方面，《BOSS经理人经营决策实战演练》课程定位是使学生将分散的跨学科专业知识整合起来，在设置的宏观经济环境背景下模拟企业生产经营全过程。学生建立团队设立公司，分角色模拟总经理以及生产、营销、采购、财务、企划等部门经理及其员工，在完整的竞赛周期中进行企业经营全流程的各项决策，包括企业的发展战略、生产、采购、研发、营销、财务等18项决策值。通过实战演练，使学生在企业经营环境中建立综合专业知识体系和系统分析问题解决问题的能力，达到培养学生综合应用能力的目的。

在教学方法方面，《BOSS经理人经营决策实战演练》课程主要采用讲授法、角色扮演法、讨论法等。指导教师对软件使用规则、实战演练流程和相关知识点的讲解采用讲授法。学生通过角色扮演的方法组队，分别承担总经理和业务经理的角色，进行实战演练。在竞赛过程中还应用小组讨论方式进行团队合作。同时，为了更好地让学生掌握实践经验，实现应用型课程的建设目标，本课程还采用了企业家进课堂的教学方式，邀请具有丰富企业经营实战经验的企业家进行授课，围绕经理人决策制定的相关知识点，使学生了解最真实的企业经营实践经验。

在教育技术方面，《BOSS经理人经营决策实战演练》主要应用TOP－

BOSS 经营模拟软件进行模拟演练，通过软件可以清楚直观地反映竞赛的背景资料、每个公司的经营情况和竞赛成绩，学生能够根据经营和竞争情况制定和及时调整经营战略，并为学生协同撰写竞赛报告提供了详实的数据支撑。同时，本课程还依托 E - learning 网络学堂作为辅助学习工具，建立课程资源共享空间，帮助学生在课后进行学习。

四、《BOSS 经理人经营决策实战演练》应用型课程建设存在的问题

在《BOSS 经理人经营决策实战演练》应用型课程建设过程中，也发现了一些问题，其中，最突出的问题是缺少科学的成绩考核方式。由于本课程主要是以小组方式进行，一般是通过考量小组的经营成果、总结报告等方法进行考核，整个过程都是以小组为单位，忽视了对个人学习效果的检测，在实际教学过程中常常出现搭便车的现象，一些学生认真投入而另一些学生没有浸入模拟状态，学习效果受到影响的同时，考核结果也不尽公平。这种现象的出现，不能够真实和完整地反映学生的学习效果，影响学习积极性，也影响教学效果。另外，在不断地竞赛过程中，教师需要对课程培养目标的达成度进行评估，这也是教学过程中遇到的难题。

因此，如何完善考核方式，使教师能够对学生在整个教学过程中的表现进行全面客观的衡量，对课程培养目标达成度进行准确评估，及时反馈并改进课程目标与教学内容，是《BOSS 经理人经营决策实战演练》应用型课程建设的核心问题。

五、基于 AOL 保障体系的《BOSS 经理人经营决策实战演练》课程设计

AOL（学习质量保障）体系是 AACSB 商学院认证体系中的核心内容，其运行机制是根据学院使命制定项目培养目标和目标学习成果→根据培养目标设立各项目的课程图谱→确定检测课程及预期目标的考核方式、评价标准→收集并分析相关考核数据信息→根据反馈信息对

项目进行调整和改进→根据学院使命制定项目培养目标和目标学习成果[4]。为了优化本课程的考核方式，更好地达成课程的培养目标，并与学院的使命和整体培养目标相一致，本课程进行了基于 AOL 体系的课程设计。

（一）建立课程学习目标及能力目标

为了更好地评估课程培养目标达成度，保证课程学习目标、能力目标的一致性，课程对学习目标、能力目标进行分解和细化，并设置了相应的观测点，以形成“可评估、可测量”的标准，如表 1 所示。

表 1　《BOSS 经理人经营决策实战演练》

学习目标、能力目标及观测点

学习目标	能力目标	主要观测点
具有团队合作能力	能够认同组员对团体的贡献，并能有效与组员进行合作。	实现团队合作目标的程度； 做事的主动性； 协调团队矛盾，与他人配合一起工作的程度； 对组员对团体贡献的认同程度。

（二）构建评价标准

为了优化考核方式，真正实现对学生全过程学习效果的检验，课程依据要检测的能力目标和观测点，设计了评价标准，如表 2～表 4 所示。

表 2　《BOSS 经理人经营决策实战演练》

课程的学习目标及其评价标准与方式

学习目标 Goal	具有团队合作能力
观测点 1/学习成果 1 Traits/Outcomes	能够认同组员对团体的贡献，并能有效与组员进行合作
考核方式	竞赛成绩（50 分）、汇报展示（50 分）

续表

学习成果 评价标准	优良（80—100 分）：能够通过合作较好地实现团队合作目标；能够积极参与团队工作，合作意识强；能够有效沟通，协调团队中出现的冲突；能够认同并描述团队成员的贡献；在团队中具有较强的影响力。 合格（60—79 分）：基本能够实现合作并达成团队合作目标；能够参与团队工作，但是主动性较差；基本能够实现有效沟通，在团队冲突发生过程中不能自行解决，需要别人协助解决；基本能认同并描述组员对团体的贡献；个人在团队中有一定的影响力，但影响力不强。 不合格（59 分以下）：团队不能有效实现团队目标；团队成员不配合其他团队成员的工作，自以为是地做事；团队成员有公开的冲突，且不能建设性地解决；不认同组员对团体的贡献；个人在团队成员中的影响力比较弱，个人建议没人听。

表 3　汇报展示评分标准

《BOSS 经理人经营决策实战演练》汇报展示评分标准（50 分）	
40—50	汇报展示能够完整描述竞赛过程中每期决策制定的思路和过程，对竞赛结果能够进行分析并找出原因，经营数据翔实，内容完整。对于团队合作过程进行明确的描述，能够指出团队成员在团队中的职责和做出的贡献。
30—39.9	汇报展示基本能够描述竞赛过程中每期决策制定的思路和过程，对竞赛结果基本能够进行分析并找出原因，能够提供经营数据。基本能够对团队合作过程进行明确的描述，并指出团队成员的职责和贡献。
≤29.9	汇报展示不翔实，内容不完整。没有经营数据分析或存在明显的理解错误。竞赛报告中没有团队合作过程的描述，不能够指出团队成员的职责和贡献。

表 4　竞赛成绩评分标准

《BOSS 经理人经营决策实战演练》竞赛成绩评分标准（50 分）	
40—50	能够通过合作较好地实现团队合作目标，竞赛排名前 50%，按照竞赛排名顺序递减。
30—39.9	基本能够实现合作并达成团队合作目标，竞赛排名后 50%，按照竞赛排名顺序递减。

续表

《BOSS 经理人经营决策实战演练》竞赛成绩评分标准（50 分）	
≤29.9	不能够实现合作并达成团队合作目标，破产或不能够组建团队正常完成竞赛过程。

（三）教学结果分析

对照评价标准，对学生学习成果进行汇总评价后，可以比较全面客观地反映学生团队合作的过程表现，极大程度地改善搭便车现象，使学生投入课程学习中去。同时，与能力目标和观测点进行详细的对比，有利于检验课程目标的达成度并进行课程的持续改进。

六、结　论

本文以《BOSS 经理人经营决策实战演练》课程为例，对于企业模拟经营类课程的应用型课程建设情况进行了介绍，提出了课程建设目前存在的问题，并就 AOL 保障体系对应用型课程建设的积极作用进行了分析和总结。通过分析可以看出，AOL 体系能够极大程度地实现目标性指导原则下的有效学习和教学过程持续改进，对于建设应用型课程来说是必要的保障，对于应用型人才培养具有十分重要的作用。

参考文献

［1］张根华，张云霞．应用型本科视阈下教学内涵建设新探（上）［M］．南京：南京大学出版社，2016.

［2］冀宏，张然，张根华，钱斌，邱竹．基于校企合作教育的应用型课程建设理路［J］．应用型高等教育研究，2017，2（1）：40－44.

［3］张学敏．TPACK 框架下经管类专业跨学科综合实训创新——以《企业经营决策与管理综合模拟实训》教学设计与实践为例［J］．现代教育技术，2013，23（3）：114－117.

［4］刘新颖．应用型本科财务管理专业课程体系之建设——基于 AOL 视角［J］．财会月刊，2016（24）：124－125.

大学专业课程贯彻落实“课程思政”理念的思考与探索

——以《管理学》“课程思政”建设为例

潘月杰

北京联合大学商务学院国际商务系教师

摘　要：本文概述了“课程思政”的发展经历与主要内涵，以《管理学》课程为例提出了专业课程贯彻落实“课程思政”理念的五项原则，又总结了实施过程中应该注意的三个细节。

关键词：课程思政；教学改革；管理学

一、“课程思政”发展概述与内涵

（一）“课程思政”的发展概述

“课程思政”是近年来高校教育教学改革的一个重点，是落实习近平总书记在高校思想政治工作会议讲话和十九大教育指导思想的重要举措。“课程思政”是在2016年高校思想政治工作会议以后才提出来的，但与这一概念紧密联系的实践探索则已进行了十多年。“课程思政”建设最初可追溯到2004年，当时党中央为加强青少年思想政治工作，先后出台了关于进一步加强未成年人思想道德建设和大学生思想政治教育工作的文件。根据上述文件精神，各地、各高校都进行了安排部署，推出了一系列措施，其中上海市的做法成效最显著。上海市从 2005 年开始先后出台了《上海市学生民族精神教育指导纲要》和《上海市中小学生生命教育指导纲要》，从顶层设计上尝试建构德育教育一体化体系。上述两个纲要的核心理念是“学科德育”，即把德育教育的核心内容分解到教学计划中的每门课程，避免德育教育与知识（技能）教育两张皮现象，可以说上海市“学科教育”的核心思想与现在“课程思政”的基本理念几乎是完全一致的。正是得益于前期的有效探索，2010 年上海市承接了国家教育体制改革的重要项目“整体规划大中小学德育课程”的研究工作，系统化地研究大中小学德育教育一体化的建设机制。到 2014 年，又将德育教育纳入教育综合改革项目，逐渐形成了从“思政课程”到“课程思政”的认识转变。2016 年 12 月底，在习近平总书记高校思想政治工作会议讲话之后，正式提出了“课程思政”的概念。可以说“课程思政”理念的提出是基于十余年德育教育改革实践探索经验的产物，是毛泽东思想认识论“从实践中来，到实践中去”的生动体现。

（二）“课程思政”的内涵

到底什么是“课程思政”？高德毅、宗爱东（2017）认为“课程思政”是以构建全员、全程、全课程育人格局的形式将各类课程与思想政治理论课同向同行，形成协同效应，把“立德树人”作为教育的根本任务的一种综合教育理念。这一综合教育理念的基本特点有：（1）旗帜鲜明地明确了教育的根本任务。这一根本任务就是立德树人，并强调立德树人是合二为一、不可割裂的，只立德不树人或只树人不立德的教育都是片面的、残缺的。（2）遵循了“全程、全课程、全员”的基本教育规律。习总书记在高校思想政治工作会议上提到“要遵循思想政治工作规律，遵循教书育人规律，遵循学生成长规律，不断提高工作能力和水平”。❶ 习总书记所讲的教育规律就是指全程育人、全课程育人、全员育人的基本规律，即在教育的全过程、所有教学课程以及所有教职员工都参与到立德树人的工作中。（3）强调了一体化的教育理念。课程思政建设将大中小学德育教育有

❶ 引自习近平总书记在 2016 年 12 月高校思想政治工作会议上的讲话。

机衔接起来，实现了德育教育的纵向一体化。(4) 强调了全沁入式的大德育教育。德育教育不仅要落实到传统的思想政治课程中，也要有机嵌入到基础课程与专业课程中；不仅要落实到第一课堂中，也要落实到第二课堂（如学生校园党团活动、竞赛、科学研究、调研访谈、社会实践）中，还要落实到第三课堂（网络课堂）中，从而实现全沁入式的大德育教育。

二、“课程思政”教学设计的原则

（一）顶层设计的原则

“课程思政”是一项系统性、综合改革工程，需要方方面面的配合与衔接，因此首先要遵循顶层设计的原则。从宏观层面上，需要高等教育、中等教育、基础教育的有机衔接。从中观层面上，需要学校统筹各教学环节与各教学资源。从微观层面上，需要各专业统筹专业德育教育目标与教学课程资源。德育教育从整体上来讲，包括马克思主义的哲学观、认识论、社会主义核心价值观以及专业性德育具体要求。要把德育教育内容有效落实到教学课程体系中，首先就要做好顶层设计。在“课程思政”中遵循顶层设计的原则，其具体含义有三个方面：（1）各专业要明确本专业“课程思政”的建设目标。各专业要结合学校定位、专业培养目标明确本专业的“课程思政”建设目标。(2) 各专业要统筹课程资源，合理分配德育内容。根据不同的课程内容，选择恰当的德育教育内容。专业教研室要统筹主要课程资源，避免德育思政教育内容的前后重复或重要德育内容的遗漏。(3) 要把德育目标列入课程教学目标中。为了有效地实现“课程思政”进专业课堂，就必须把德育目标列入课程教学中。笔者所在学校，在“课程思政”建设上也是这么要求的，在 2017 年教学大纲修订中都要求专业课程明确“课程思政”的教学目标。在《管理学》课程大纲修订过程中，就增加了“加强学生的商业伦理意识，引导学生树立正确的价值观，客观、正确地认识中国的国情与国力”的内容。

（二）与课程性质相匹配的原则

朱漪（2018）认为按照课程在“课程思政”建设中发挥的作用，大学课程可分为思想政治课、综合素质课和专业课三种类型。这三种类型课程在“课程思政”建设中发挥着不同的作用，其中思想政治课承担着政治理论系统学习的作用，综合素质课则承担着学生综合素质（能力）提升的作用，专业课程则承担着思政要素渗透的作用。这三类课程在“课程思政”建设中分别扮演着价值学习、价值引领与价值渗透的功用。定位不同，“课程思政”的建设目标与内容就会不同。一般地讲，专业课程在课程学习目标中应该以专业知识与能力为主，同时兼顾德育教育。在笔者所在的学校，《管理学》定位在专业基础课，其主要教学目标是通过本课程的学习，使学生明确管理概念的含义，掌握管理的思维特征和过程、基本理论、基本职能（决策、计划、组织、领导、控制等）和基本思想，并运用管理学基本案例分析现实案例与情景。在完成上述专业教学目标的同时，兼顾德育教学目标，包括商业伦理意识、正确的价值观、国情与国力，以及与管理职能相关的党的知识、路线、方针与政策。

（三）与知识点有机结合的原则

“课程思政”建设要落到实处，必须遵循与课程知识点有机结合的原则。专业教师在教学方案与课件设计时，要把专业课程的知识点与可能的思政目标有机结合起来，落实到具体教学中。笔者在《管理学》教学设计中，尝试把知识点与思政建设结合到一起，初步设计如表 1 所示。

表 1　《管理学》教学知识点与思政建设要点

章节	知识点	思政建设要点
第 1 章　管理学导论	管理者的技能（概念技能、人际技能、专业技能）	自觉的十八大以来习近平总书记提出的新概念
	商业伦理的概念及商业困境下的选择	诚实守信的传统道德修养
第 2 章　决策	决策的类型（个体决策与民主决策）	我党民主集中制的决策原则与处理民主与权威的关系
	决策的原则（满意决策原则）	遵义会议上的重要决策

续表

章节	知识点	思政建设要点
第3章　计划	计划内容之5W1H	中国共产党的十九大报告中的5W1H
第4章　组织	基本组织类型	党的十八大以来我军从职能式组织结构到矩阵式组织结构的转变
	组织变革	近五年来中国共产党一系列深化改革的进程
第5章　领导	领导类型——魅力型领导	中国共产党5代领导人的人格魅力、中国知名企业家的领导魅力
	激励的类型	中国共产党激励党员的常见法宝
第6章　控制	控制的类型	中国共产党预防党员贪污腐败的控制措施

（四）量少质精原则

在专业课程中贯彻“课程思政”的教育理念，应该遵循量少质精的原则。因为专业课程毕竟不同于思政课程，应该以专业知识与能力建设为主，德育思政教育为辅，要在实现专业教学目标的同时兼顾德育思政教育目标，实现二者的有机结合。在量少质精原则指导下，在专业课程的教学中要做到：（1）每章的“课程思政”相关内容原则上不要超过3个；（2）每次课的课堂教学中也不要超过3次；（3）在控制数量的同时，提高“课程思政”相关内容的质量，要提高思政材料的相关性与说服性。总之，要避免学生将专业课程当成思政课程，否则违背了“课程思政”的基本目的。

（五）潜移默化的原则

专业课程贯彻“课程思政”的教学理念，要巧妙地把思政内容融合到专业知识教学中，最理想的状态是达到润物细无声的效果。在专业课程的“课程思政”教学设计中，要选择与专业课程最密切相关的思政内容，无痕地结合起来。比如在《管理学》教学中，可以将与企业管理相关的案例与思政建设结合起来，在课堂教学中讲授红色企业家在民族危亡关键时刻的爱国情怀与感人壮举；中国企业家克服民族与文化偏见，勇敢地走出去实施国际化的精彩案例；中国企业由弱到强，不断转型升级，掌握核心科技并打败国外强大竞争对手的辉煌事迹等。通过这些与《管理学》密切相关的现实案例，可以提升学生的民族自豪感与自信心，进而实现课程思政建设的目标。

三、“课程思政”教学实施的三个细节

专业课程的“课程思政”建设，应该设计与实施并重，避免重设计轻实施的现象，要通过精细实施，实现“课程思政”的建设效果。在“课程思政”实施过程中，要注重三个细节。

（一）形式要活泼、灵活，注重实效

学生对专业课程有固有的认知，通常认为专业课程就是传授专业知识与技能，因此在嵌入德育思政内容时，形式一定要活泼、灵活，要让学生喜闻乐见。从媒体形式上要尽量减少纯文字类内容，增加视频类的教学，比如电影片段、专题新闻、纪录片、动画片等，当然在有条件与资源的前提下，任课教师也可以设计并制作用于翻转课堂的微视频。从教学形式上，应尽量减少纯讲授类教学，以案例研讨、学生展示甚至角色模拟为主，从而提高学生的参与性与体验性。

（二）加强不同课堂之间的联动

“课程思政”建设具有全沁入式特征，要涵盖全部教学课堂。任课老师要加强不同课堂之间的联动。（1）要加强第一课堂的内容建设，尽可能地在课堂教学中嵌入“课程思政”的教学内容。（2）要加强第一课堂与第二课堂的联动。现在很多高校在不同学期都安排参观、调研及第二课堂活动，任课教师就可以把“课程思政”的内容与第二课堂结合起来。比如笔

者所在的专业每年都安排新生在入学第一学期到在京企业参观调研，以增强学生对企业管理的感性认识。这一活动安排与《管理学》教学是同步进行的，《管理学》“课程思政”建设就可以与企业参观调研活动结合起来，在企业的选择、参观调研的设计与安排上嵌入《管理学》课程思政的建设内容，实现第一课堂与第二课堂的联动。(3) 也要注重发挥第三课堂的作用。现在，各高校都非常注重专业课程的网络资源建设，通过持续性的资源投入激励任课教师建设网络课堂。任课教师可以通过网络学堂中的学习案例、阅读书目、视频资料等开展“课程思政”建设，通过网络学堂的任务考核实现“课程思政”建设目标。

（三）形成闭环，持续改进

“课程思政”建设要取得成效，必须对教学进行全流程管理，教学开始前要精细设计，教学过程中要强化实施，教学结束后要进行评估与总结，形成闭环，并进行持续改进。每学期教学结束后，要对开展“课程思政”教学改革的专业课程进行专项评估，要通过定量与定性相结合、自我评估与他人评估相结合、答辩评估与报告评估相结合的方式对实施效果进行总结反思。院校可以组织专业课程“课程思政”建设经验交流会，将某一门课程的成功经验推广到更多的课程中去，进而带动“课程思政”的改革引向深入，取得更大的效果。

从“思政课程”到“课程思政”是我国德育思政教育的一大创新，强化了每门课、每位教师立德树人的责任。专业教师要通过持续性的教学研究与探索提高执教能力，发挥自己更大的价值与贡献。

参考文献

[1] 习近平．习近平在全国高校思想政治工作会议上的重要讲话［N］．人民日报，2016 (1).

[2] 高德毅，宗爱东．从思政课程到课程思政：从战略高度构建高校思想政治教育课程体系［J］．中国高等教育，2017 (1)：43－46.

[3] 朱漪．高校实施“课程思政”若干问题的思考［J］．牡丹江教育学院学报，2018 (2)：38－40，63.

基于情境学习理论的人力资源管理（全英语）课程建设探讨

刘晓敏

北京联合大学商务学院国际商务系教师

摘　要： 人力资源管理课程具有理论性和实践性双重特点，是高校管理类学科的核心课程。作为应用型地方高等院校，如何设计有效的教学模式，让学生积极主动参与到全英语课程学习中，培养具有国际化视野、创新意识和实践能力的大学生，是本科阶段人力资源管理（全英语）课程建设面临的重要挑战。本文基于情境学习理论，认为人力资源管理（全英语）课程建设的首要目标应在于培养和提高学生的学习兴趣。文章提出应以人力资源管理课程理论知识模块为线索，通过创设任务情境、精心设计教学方案、利用多元化课堂组织的形式以及科学的评价考核体系，构建以学生为主体的学习过程，使学生变被动学习为主动探索，并在学习中体验团队合作的乐趣，进而培养学生的应用能力和创新精神，增强学生跨文化理解和沟通能力，提高综合素质。

关键词： 人力资源管理；课程建设；情境学习

《人力资源管理》课程是目前我国高校经济管理类本科教学中普遍开设的核心课程之一。通过该课程的学习，希望帮助学生掌握人力资源管理领域的理论和方法。作为非人力资源管理专业的经济管理类学生，学习《人力资源管理》课程的目的还在于，参加工作之后，无论是作为管理者来管理部属，还是作为下属被管理，都会遇到人力资源管理方面的问题，培养经管类大学生解决人力资源管理问题的能力，在提升其求职能力、规划好自身职业生涯以及胜任未来工作岗位等方面都具有重要的意义[1]。

人力资源管理具有鲜明的课程特点，它既是一门科学又是一门艺术，其科学性表现出来的严谨和其艺术性表现出来的“只可意会不可言传”，决定了人力资源管理学教学存在一定的难度。目前国内许多高校的人力资源管理课程都在本科阶段开设，本科学生普遍缺乏实践经验来促进对管理知识的意会。另外，随着信息传播技术的发展，学生获取信息的来源更加多元。这也使按照传统式教学模式进行的知识讲授，难以吸引学生的注意力，学习的介入程度降低，在客观上阻碍了学生系统地掌握人力资源管理基本概念和原理，难以更深入地进行后续的专业化学习。加之全英文教材中的大量生词术语，容易导致学生一知半解和似是而非的教学效果，更不必说在实践中运用理论知识分析问题，并寻求解决方案的能力培养。

因此，作为培育应用型人才的城市型大学，如何设计有效的教学模式，让学生积极主动参与到全英语课程学习中，培养具有国际化视野、创新意识和实践能力的大学生，是本科阶段人力资源管理（全英语）课程建设面临的重要挑战。本文基于情境学习理论，认为人力资源管理（全英语）课程建设的首要目标应在于培养和提高学生的学习兴趣。应以人力资源管理课程理论知识模块为线索，通过创设任务情境，精心设计教学方案，利用多元化课堂组织的形式以及科学的评价考核体系，构建以学生为主体的学习过程，使学生变被动学习为主动探索，并在学习中体验团队合作的乐趣，进而培养学生的应用能力和创新精神。

一、情境学习理论

20世纪80年代以来，情境学习理论在西方逐渐成为学习理论的主流。它是西方教育心理学领域的学者们试图弥合学术教育、职业教育与社会上各行各业从业人员学习之间鸿沟的不懈努力的研究成果。情境学习理论强调知识与情境之间相互作用的过程[2]，认为学习具有情境性。学习者只有在真实环境或类似真实的环境中，通过完成真实的任务来获得知识与技能。学习的实质就是参与实践，与他人、环境等相互作用的过程，是形成参与实践活动的能力、提高社会化水平的过程[3]。因而与传统的教学设计相比，情境教学表现出极大的差异。Young（1993）提出，基于情境学习理论的教学设计必须考虑以下四点：第一，设计者（通常是教师）必须选择复杂的、真实的（仿真的）情境。使学习者有机会生成问题、提出各种假设，并在解决结构不良的、真实的问题的过程中获取丰富的资源。同时，该情境还能提供其他丰富的例证或类似问题以使学习者产生概括化与迁移。第二，教师必须决定给学生提供适当的支撑。支撑的方法包括内隐性思维过程的外化，给予暗示性与间接的指导等。此外，在专家身边工作以及与同伴合作也能提供有效的支持。第三，教师必须转变角色并努力适应新的课堂文化，即教师不再是知识的传授者而是知识的促进者。第四，设计者必须计划在学习过程中对学生实施持续的现场评定。传统测验主要测量回忆陈述性知识与程序性知识，而不能适当地评价高级思维技能与发现问题以及解决问题的能力[4]。

情境学习理论提出的认知学徒制、抛锚式教学、学习共同体等教学策略对人力资源管理课程建设具有重要的启示。比如，情境学习理论提出创设“实习场”的教学方式，“实习场”即提供给学习者的参与实践的场合，这种场合可以不是真实世界中的某个具体情境，可以通过视频、文字案例描述展现“情境”，也可以创设模拟真实的情境，类似高校的实践教学基地等，但是整个学习活动必须抛锚在真实应用的情境中，问题是真实的，应用的情境也是真实的，教师引导学生借助于情境中的各种信息、资料去发现问题、提出问题进而解决问题，借以让学生将理论知识应用到实际问题中，并以此培养学生解决实际问题的能力[3]。再如，情境学习理论中提出的“学习共同体”的关键特征是存在一种可以让每个人参与到为增进集体理解而努力的学习文化[2]。在共同的学习目标引导下，师生可以合作共同完成任务，相互交流、教学相长。也可以学生自愿为主，将不同兴趣特长、组织能力和积极性等方面的学生互补、搭配组合，划分成若干个 6 人左右一组的学习团队，教师辅以指导作用。

在情境式教学中，学生由被动的接受者转向积极主动的探索者，教师由知识传授者转向学习的引导管理者和参与者，这种角色是对学生的学习进行计划、组织和控制并不断根据师生互动、生生互动的情况进行知识的再加工与创新。因此，从这个角度看，在基于情境学习理论的教学过程中，教师也是知识管理的创新者。

二、重构教学目标，在管理情境中培养和提升学生学习兴趣

《人力资源管理》课程是一门与组织行为科学和现代管理理论都密切相关的课程。从专业培养的角度，教育部工商管理类学科专业指导委员会提出了知识（K－Knowledge）、能力（A－Ability）和素质（Q－Quality）三个方面的培养目标[5]，知识是课程的必要载体，能力的培养是教学的重要环节，素质的养成是教学过程的长远着眼点。落实到人力资源管理这门具体课程上，除了要全面反映这三个方面的目标之外，还有一个很重要的目标，就是提升学生对于人力资源管理的兴趣（I－Interest）。由于全英文教材要求的阅读量非常大，专业术语较多，学生面临英语词汇和专业知识学习的双重困难，容易产生畏难情绪，因此人力资源管理全英语课程教学的首要目标应在于培养和提高学生的学习兴趣。这种兴趣一旦建立起来，从近期效果看，可以引导学生对于本门课程的主动学习意识和探索行为；从较远效果来看，则是有利于学生对于管理者的职业兴趣。除了对于人力资源管理这一课程基本主题的兴趣之外，通过精心的课程设计帮助学生建立对于学习内容及过程的兴趣，激发学生关注人力资源管理问题、解决问题的兴趣，也是非常关键的。因此，需要重构人力资源管理（全英语）课程的教学目标组合，可概括为上述 IKAQ（Interest，Knowledge，Ability，Quality）四个方面。

针对这样的教学目标，应根据高校的实际情况，结合专业培养目标，按照“厚基础、宽口径、强能力、高素质、广适应”的原则，优化课程内容体系。在全面系统地阐述人力资源管理基本原理基础上，针对应用型本科地方院校学生的知识、能力特点，合理安排课时，科学设计教学内容。应以调动学生的学习积极性为核心，通过充分的教学准备研究学生，即研究学生的已知和未知，研究“90 后”学生的认知和情感发展要求，研究学

生在课堂教学过程中可能发生的变化。关注不同层面、不同特点的学生，结合学生的实际情况制定切实可行的教案；思考如何设计、组织教学进程才能克服全英语教学的枯燥性，激发学生积极思维、合作交流的兴趣；从与学生的互动反应中了解学生的实际情况，并实时调整教学的进程。比如，在每章教学伊始，突出强调该章节的英文关键词汇，这样不仅有利于学生把握重点，熟悉专业术语，而且能够避免学生陷入词汇和语法的语言学习而忽视本课程教学的初衷。

人力资源管理课程体系包括战略人力资源管理、工作分析、人力资源规划、人员招聘与配置、培训与开发、绩效管理、薪酬管理、员工关系等几大模块。引入情境学习理论提供给我们的“知识是处于环境里”的教学理念，将该理论提出的各种教学策略应用于模块教学。在每个单元开始，都为学生提供一个与该单元相关的简短案例，引导学生们进入某种管理情境之中。在此可结合学生的特点，由学生能感受到的管理现象着手，以发生在学生身边的实际问题为主，从而更好地激发学生的学习兴趣，也有利于教学内容的导入。在课堂上积极利用教师讲授、体验式游戏、角色扮演、案例讨论、观看录像、个人演讲等多种方式，为传统的课程内容注入新的内容与方法，使学生觉得每一次上课形式都有新鲜感，调动学生的学习热情，增强学生参与意识，从而适应培养学生综合能力的需要。

三、在人力资源管理课程建设中运用情境学习式教学模式

人力资源管理作为实践性、应用性强的交叉学科，部分理论体系具有高度概括和抽象的特点，并且学派较多，在不同理论假说的前提下，不同学派提出了人力资源管理的理论模型，包括了条件、目标、方法、措施和预期结果。初学者比较难以把握，这就需要教师给学生以清晰的框架，明确教学重点。搭建好框架体系后，再逐步扩充内容，这样学生更容易理解。即使学时不够无法详细地讲授所有的内容，但是有了系统的框架体系，学生可通过自学填充必要的内容。

此外，英文原版教材中较为抽象的理论和概念，只有将其灵活地运用于组织的管理实践情境中，才能显示其科学性和实用性。要使学生既能深

入理解和掌握理论，又能在实践中灵活应用，即达到“既授之以鱼，又授之以渔”的教学目的，就要求教师紧密结合课程内容和学生特点，运用多种教学手段，精心创设或导入人力资源管理相关情境，不断探索完善人力资源管理全英文课程的情景教学模式，提高课程的教学质量。人力资源管理教学中主要可以创设三种情境：角色扮演情境、案例教学情境、多媒体情境。

（一）角色扮演情境

角色扮演情境指教师根据教学内容，预先创设特定职位角色和模拟场景，让学生担任模拟组织中的一定职位，在模拟组织情境中首先感受、体验角色，进而学习处理问题、分析问题和解决问题的过程。这种方法使学生身临其境，将理论与实际高度结合、学生自身认知与模拟情境高度融合。人力资源管理课程可以设计丰富多样的角色扮演情境，如工作分析、招聘面试、员工培训、绩效面谈、工资协商等。

在讲授战略人力资源管理章节内容后，教师组织每个学习团队成立自己的公司，讨论确立公司经营业务范围和战略目标并向董事会和公众展示介绍公司概况。在讲授职位分析章节时，安排各团队讨论确定公司组织结构，并进行职位设计。在人力资源规划与招募章节讲授结束后，引导组织各学习团队根据空缺职位绘制招聘海报并学习撰写个人简历。随后的人力资源甄选章节学习过程中，可在讲授面试技巧后，组织学生召开模拟招聘会，各队悬挂张贴招聘海报，作为面试官招聘面试其他学习团队的成员，后续也进行角色转换，变为求职者再参加其他团队所设公司的招聘活动。在绩效管理章节理论内容讲解之后，组织学生进行绩效面谈的角色演练。每个教学单元环环相扣，通过一系列与理论内容直接相关的演练活动，带动学生加深理解人力资源管理各个模块之间的关系，切实做到理论与实践相结合。

在每次角色扮演活动完成之际，教师应对整个模拟过程做出总结评价。例如在模拟招聘活动中，让学生对“招聘方”制定的招聘计划和面试组织的全过程评价打分，另外针对“应聘者”是否很好地运用面试技巧评价打分，并组织学生在活动结束后总结团队及个人在面试过程中的收获。引导学生发现团队合作中可能存在的问题，点评自己和其他同学在面试中的优点和不足之处，使学生在体验中相互发现问题、相互学习提高。这对没有管理实践经验的在校大学生非常重要，一方面可以深化学生对理论知识的理解和掌握，另一方面可以培养学生的沟通、表达、逻辑思维、解决问题的基本素质。

（二）案例教学情境

案例教学情境指教师通过案例材料重现现实场景，引导学生进入案例场景，进行师生之间及学生之间的互动交流讨论，加强学生的人力资源管理实践能力以及解决人力资源管理问题的能力[6]。

由于学生缺乏实践经验，不了解企业运营的具体情况，所以，教师除了采用企业的具体案例之外，还应观察收集、改编一些社会生活中的故事，利用通俗易懂的素材讲解一些基本的管理原理，从简单的事情推出基本原则，再结合企业的情况上升到企业管理的层面。比如在讲授招聘甄选、培训章节的时候，可用“如何优化大学一年级新生助理班主任这一职位的甄选、培训过程?”作为案例问题组织学生展开讨论，使案例既贴近学生生活，也更易引发学生参与讨论、发表观点的兴趣。案例设计的难度应适合学生的认知能力，做到小、中、大案例循序渐进，尽量使难度呈梯度增加，使学生由简入手，在逐步获取知识的过程中获得成功的喜悦。教师应留心挖掘积累在课堂与学生互动时找出学生感兴趣的案例，这样才能增强学生的投入程度，更有利于课堂讨论以及提高学生的实际应用能力。

在组织案例讨论的教学过程中，可以把每次案例教学的时间分为前后两部分，前一部分教学讲解理论知识，为后面教学打下理论基础；后一部分用于案例的分析和讨论，教师在课前将案例材料发给学生并做好课前准备，作为课堂进行人力资源管理案例讨论和课后教师检查作业、评定学生成绩的依据。在分析讨论过程中，教师的任务是调动学生参与讨论的积极性，启迪学生的思路，努力创造良好的自由讨论的气氛和环境；提示学生注意除了自己积极发言以外，还要认真倾听别人的分析与见解，并比较自己的观点与思想，从中吸取并综合出更完善的思想和观点。可采用灵活多样的形式，加深学生对所学知识的理解和掌握。要让学生成为案例讨论的主角，并注意掌握案例讨论的方向，使学生紧紧围绕着案例的主题。鼓励学生提问，提示观察、分析问题各种可能的方法。对不愿发言的学生，可用事先准备好的问题提问，帮助其开动脑筋，积极思维。

案例讨论结束后，教师要做简短总结。总结的目的不是给学生一个标准答案，不是对结果或争论下定论，而是对学生的分析进行归纳、拓展和升华。针对学生的结论进行恰如其分的评判，帮助学生理清思路，指出他们在讨论中各自的优缺点，把讨论中遇到的难点和重点问题进行分析，对学生讨论中不够深入、不够确切的地方，做重点讲解，引导学生进行更加深入的思考。对于案例讨论的评价，要以正面激励为主，肯定成绩，表扬独创精神；鼓励发言少的学生积极参与后续的讨论。指出学生讨论中暴露的错误，明确概念，澄清模糊认识。与此同时，学生应针对讨论的问题进行认真的总结，总结自己在阅读案例、讨论发言、观点形成等方面的成功之处及存在的问题。思考从该案例中学到了什么？得到哪些有价值的启示？是否通过案例掌握了人力资源管理的有关原理和方法？在此基础上形成案例分析报告。

（三）多媒体情境

多媒体情境指利用信息技术，通过声音、图片、动画及视频等形式创设生动形象的人力资源管理教学情境，吸引学生注意力，调动学生的积极性，提高课堂教学质量。

人力资源管理课程相关的多媒体网络资源非常丰富，视频资料的选择应以教学目标和课程内容为中心，结合教学计划和进度，有针对性地编辑节选，在课堂播放时注意把握引入的时机和时间的控制，事先应导入某种问题情境，从而激活学生思维，引发学生的求知欲。

在多媒体情境教学具体实施过程中可采用以下几种方法：

第一种方法：在图片、视频播放演示过程中，教师有选择性地暂停，提出有关情境问题，引导学生积极思考。例如，在讲解组织招募这一部分内容时，笔者选择了联想公司、普华永道会计师事务所、宝洁公司官网英文版校园招聘和社会招聘网页，让学生借助网页文字、图片和视频比较，发现这三家公司在招募高校毕业生和有工作经验人士时所使用公关策略的差异。再如，在讲解面试技巧时，笔者节选了某大学生参加西门子公司、毕马威会计师事务所面试的视频片段，让学生在观看节目的同时分析求职者的表现，设定几个关键时间点，暂停播放，由学生进行评价。再与节目中人力资源管理者和职场专家的点评进行对照，也使学生借助视频材料提供的真实的面试情境向具有丰富实践经验的行业专家学习招聘甄选技巧。

第二种方法：在理论知识讲授基础上，用原汁原味的英语视频材料作为例证，及时帮助学生理解、消化吸收现实组织情境中的人力资源管理术语，同时帮助学生开阔视野。例如在讲解招聘面试时，播放美国人力资源管理学会录制的“面试技巧大公开”节目片段。在讲解员工培训和开发时，引入飞利浦公司评估中心、毕马威商学院等视频作为例证，加深学生对大企业员工培训和开发技巧的理解。在讲解跨国人力资源管理时，播放央视《跨国并购》纪录片第四集《棘手的人事》片段，让学生体会、理解跨文化整合过程中现实的人力资源管理问题，在生动的情境中感受企业管理者在面对外籍员工的质疑挑战时，充满智慧的沟通技巧，以及他们直面困难的勇气，也进一步领悟管理者解决问题的方法和技巧。

值得注意的是，在全英语教学实践中应用情境教学模式时，教师需要根据课堂中学生实际投入参与程度和学习状况，实时、适度地调整教学方法。比如下午上课时，可适时穿插使用管理小游戏的方式进行团队成员的链接，提高学生课堂参与程度。通过配套习题练习可以使学生熟悉概念、原理，及时纠正学习中的错误，巩固所掌握的知识。因此，吸收、培养了解企事业单位人力资源管理实际，并熟知教育特点及规律的专业教师，才能有效地根据教学目的和教学内容导入或创设生动具体的组织场景，充分运用多种教学手段，激发学生的情感体验，培养学生的学习兴趣，增强学生学习能力。

四、课程考核改革

如前所述，由于人力资源管理课程的目标重在兴趣培养、知识和原理的掌握、应用能力的训练和素质的提升，这需要学生对教学的积极参与才能有效实现，因此对于本课程的考核应包括学生自评、互评和教师对学生的测评。学生自评、互评包括团队合作程度、出勤率、课堂听讲认真程度、课堂发言、课下参阅资料情况等，为后续教学过程的改进提供切实依据。对于全英语教学班级，教师考评应更加注重平时成绩，相对降低期末考试的成绩比重并改革期末考试形式，以减少学生期末死记硬背的压力，注重考察学生对知识点的理解和思维能力，使考核成为教学过程的延续，成为学生再学习、复习和深化学习的过程。

（一）注重形成性考核

形成性考核采用两种类型：平时测验和平时作业。

平时测验是培养学生学习习惯的重要手段，也是提升教学过程中学生接收率和接受率的重要途径，对全英文教学尤其重要。可通过单元测试，使用单项选择和判断题，利用检查替代点名和考勤，起到一箭双雕的作用。

平时作业有两种形式：一种是针对每次授课内容设计的练习题、讨论题、案例分析题，要求学生在较短的时间内完成，这部分作业往往题目较小，只是针对某一专题内容而进行的，要求及时批改，及时反馈。可以使学生们应用刚刚接触的人力资源管理知识对自己经历过的人力资源管理问题或关注过的某个管理现象加以分析，提出自己的认识和想法并得到反馈。更主要是使教师及时了解学生对所学内容的掌握情况，并及时对自己的授课内容、教学方式进行调整。

一种是课程大作业，以综合性作业为主。要求作业中不仅将所学知识综合在一起，而且还要体现出学生能利用所学知识分析现实情境中的问题、解决问题的过程。该作业以模拟团队的形式进行，前述 6 人左右的学习小组需设一名组长。选择人力资源管理的某一职能模块中的题目，收集资料，提交一份不少于3000字的作业，并由各团队在课堂进行5—10分钟的演示汇报。例如：让学生以实践团队为单位扮演人力资源管理专员的角色，对学生能够接触到、便于观察的一些职位做工作分析，比如校园物业保安、清洁工、自己的辅导员等，要求学生根据具体的职位选择适合的工作分析方法，完成访谈记录、调查问卷、观察表等信息收集过程的记录，并最终编制工作规范和工作要求，分组讨论该岗位的改进建议，提出改进方案[3]。在完成作业的过程中要求分工明确，每个小组成员都必须承担一定的任务，并作为平时成绩的考查依据。在提交作业时，要注明每个学生的工作与贡献，以提高责任意识，尽量避免出现“搭便车”现象，该作业的成绩占平时成绩的40%。通过这类大作业，既能了解学生掌握知识的实际情况，也是对学生利用所学知识能力的一次训练。

（二）改革终结性考核方式

期末考核可采用开、闭卷结合的方式进行。闭卷部分包括选择题和判断题，主要测试学生对基本原理、知识点的掌握和理解情况；开卷部分包括非标准主观试题，如情景分析题（案例题）和论述题等，考察学生对于课程知识和原理融会贯通的情况，也有利于考核学生的判断、分析和决策的能力，允许学生多角度的思考方式。学生的答案可以与题目的参考答案有所差异，只要他能够有充分的依据支撑其观点即可。当然，这种考试带来的最大问题是增加了教师试卷批改的工作量，需要学校教学管理部门在工作量计算的时候给予倾斜考虑。

五、结　语

人力资源管理是一门实践性很强的课程，它既具有应用的广泛性与实践性的艺术特点，又具有一定的科学性与抽象性。在科技迅猛发展的知识经济社会，要使学生掌握基本理论，又能在实践中灵活运用，激发创新意识，就必须不断探索与总结，调整设计人力资源管理课程的教学模式，提升课程的教学质量。本文认为人力资源管理（全英语）课程建设的首要目标应在于培养和提高学生的学习兴趣。可通过精心创设各教学模块所需的任务情境，设置问题引导学生积极思考、主动发现，利用多元化课堂组织形式，以及科学的评价考核体系，构建以学生为主体的学习过程，从而增强学生的主动学习意愿和学习能力，掌握管理技能，提高创造性的解决问题的水平，同时也会为教师提供更富激励和更愉悦的教学体验，产生更强的自信心和更高的教学热情。因此，情境教学法的具体应用、实施方法需要教学实践中的持续探索和研究，以达到更佳的教学效果。

参考文献

[1] 丁敏．刍议非人力资源管理专业的《人力资源管理》课程教学方法改革[J]．人力资源管理，2013（11）：178－179.

[2] Brown A. L. , Campione J. C. Psychological theory and the design of innovative learning environments：On procedures，principles，and systems [C]．L. Schauble&R. Glaser. Innovations in Learning New Environments for Education. Mahwah，NJ：Erlbaum，1996.

[3] 张航，迟妍，徐珂．情境学习理论在人力资源管理课程实践教学中的应用[J]．高等教育研究学报，2012，35（3）：81－84.

[4] 张振新，吴庆麟．情境学习理论研究综述[J]．心理科学，2005，28（1）：125－127.

[5] 席酉民，葛京．我国工商管理类高等教育的研究与思考[C]．首届中国经济管理基础课程教学高层论坛论文集．北京：高等教育出版社，2008.

[6] 刘静，杜淑芳，朱闪闪，等．情境教学在人力资源管理课程中的应用[J]．现代商贸工业，2014，26（9）：138－139.

作者简介：刘晓敏，北京联合大学商务学院国际商务系，讲师.

作者联系方式：电子邮箱 xiaomin. liu@ buu. edu. cn；电话 15801350609.

下　篇

Duracomm公司进入中国市场模式选择研究

李　鸾[1]　刘　洁[2]

（1. 北京联合大学商务学院国商1401B学生；2. 指导教师）

摘　要：随着中国经济实力的提高，各行业对照明环境的需求日益增长。我国景观照明行业近年来发展迅速。同时，二三线城市的快速发展也为此行业提供了大量的需求。许多国外照明企业将未来的目标市场定在了需求较大的中国市场。本文选取美国Duracomm能源照明公司为例，应用企业战略管理和海外市场进入模式选择等理论，分析Duracomm公司进入中国市场的宏观环境和中国景观照明行业市场现状，并结合Duracomm公司自身特点，综合分析进入我国景观照明行业市场的影响因素，采用因素评分法以及比较分析法，对比各种进入市场模式，最终提出适合Duracomm能源照明公司以收购模式进入我国市场，使得Duracomm能够顺利进入并开展国际业务。

关键词：Duracomm能源照明公司；景观照明；进入模式；模式决策模型；比较分析法

1　文献综述

近年来，中国经济的稳定增长已成为全球经济增长的主要推动力，在世界经济稳步复苏的进程中持续发挥着积极作用。中国的需求直接推动了世界需求，特别是新兴经济体的增长。随着中国“大众创业、万众创新”

政策的提出，一大批中小型技术密集型企业涌入中国。在我国较为稳定的市场环境下，许多企业走向了成功，并成为了行业的独角兽。

随着全球经济一体化不断加深，越来越多的企业选择“走出去”。大型跨国公司的关注点已从如何“走出去”到如何“走进去”，而中小企业则越来越多地关注如何“走出去”。要成功“走出去”，就需要明确国际市场的进入模式。近年来，国际市场的进入模式也一直是学者研究的热点，尤其是在党的十九大以后，我国经济向高质量发展，企业的国际化问题日益受到关注。

在中国知网中以“国际市场进入模式”为关键词，可以看到共有433篇论文，而且近年来研究的数量虽然有波动，但总体而言是在不断增多，如图1.1所示。在管理学顶级期刊UTD24中，1986年以来主要有239篇，而且主要集中在近10年，如图1.2所示。这说明“国际市场进入模式”是当前学术研究的重要内容。

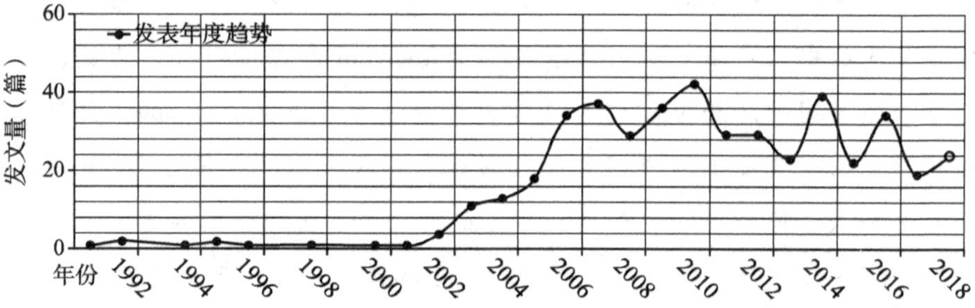

图1.1 “国际市场进入模式”相关研究文献的发表数量趋势

贡云鹏（2017）在《跨国公司进入方式选择分析与策略》中指出，跨国公司有多种途径可以选择进入目标市场，包括传统的方式以及现在新兴的互联网方式进入。

杨洋、魏江、王诗翔（2017）表明进入模式选择不仅取决于母公司对其的资源承诺水平，还取决于东道国复杂的环境所带来的风险水平、所能够获取的东道国特有资源水平以及海外合作伙伴的机会主义行为。李冰洁（2016）在《跨国公司的中国市场进入模式影响因素分析》中，指出在跨国公司进入中国市场30多年历程中，他们的进入模式发生了明显的变化：

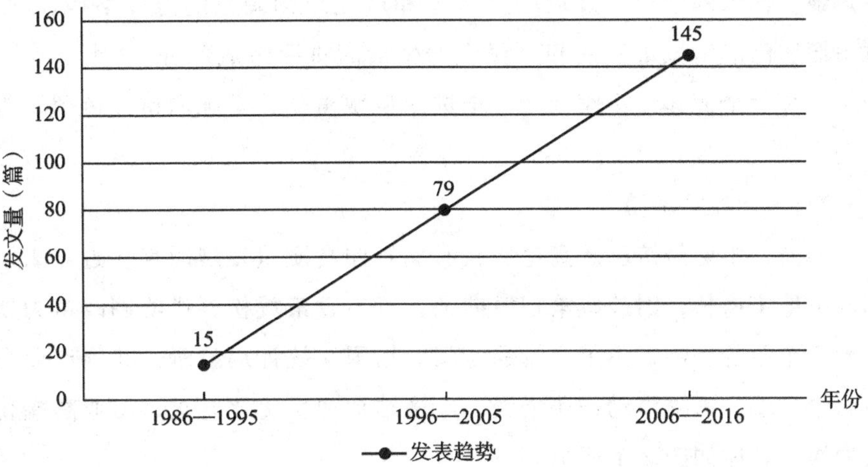

图 1.2　1986—2016 年 UTD24 刊发进入模式研究的文献数量

独资模式成为主导模式，并购模式趋势越来越受欢迎。

尉颖琪、王咏笑、王洁（2015）等在《城市景观照明的国际经验及其对中国的启示》中写道，随着城市化进程的加快，我国城市景观照明发展迅速，但仍处于成长期，因此，吸取国外优秀经验有助于未来我国城市景观照明事业健康有序地发展。

综上来看，随着中国“大众创业、万众创新”政策的提出，一大批中小型技术密集型企业浮现。在我国较为稳定的市场环境下，许多企业走向了成功，并成为了行业的独角兽。同时，这也吸引了更多国外技术型公司的关注。他们拥有着高新的技术操作水平与研发团队，这些便利条件促使这些公司更趋向于以资本进入的方式来华发展。本文案例 Duracomm 作为一家高新技术企业，可以参照经验采取资本进入的方式，保护其技术优势与核心竞争力。此外，亦为我国的中小型技术密集型企业提供借鉴。

2　Duracomm 公司进入中国市场的外部环境分析

2.1　Duracomm 公司进入中国市场的一般环境分析

2.1.1　政治环境

我国的政治环境较为稳定，贸易政策开放，近年成为海外国家的投资高热地。作为国家经济发展模式转型和产业结构调整的重要举措，如今，城市照明已成为城市发展和人民生产生活的重要组成部分。“十三五”规划进一步为全面建设小康社会、推进新型城镇化、实施城市绿色照明提供舞台。

2.1.2 经济环境

当前，中国经济已从高速增长时期转向高质量发展时期，近年来，中国经济稳步增长，财政政策积极向上，货币政策放松，供给侧改革为新兴技术型企业的发展提供了广阔的空间。据国家统计局显示，我国产业发展迈向中高端，需求带动作用增强，经济结构加快优化升级，工业高端化步伐加快。具体如图2.1所示。

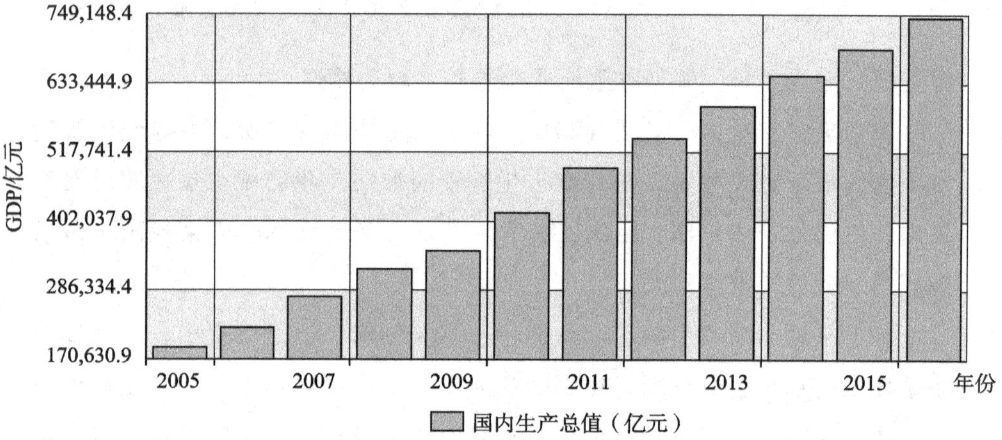

图2.1 2005—2016年中国GDP及趋势

注：数据资料来源于国家统计局网站。

2.1.3 文化及社会环境

节能的价值对社会有很大的社会效益。人们开始重新审视自己的追求和生活方式。消费的目的不仅在于满足生理需求，更重要的是要获得心理或精神上的享受。景观照明产业迎合人们日益增长的需求，也恰巧响应了习近平总书记在全国生态环境保护大会上“建设美丽中国”的号召，具有重大的工业和社会意义。

2.1.4 技术环境

中国在景观照明技术方面有很好的研究基础，与国外的差距正在逐渐缩小。国内一些企业已聘请海外技术人员，并投入了大量的资金和人力进行研究，与国际企业的整体差距不断缩小。现有的 LED 泛光灯在景观照明上运用较多，已经可以连接智能设备进行调控。

2.2 中国景观照明产业环境分析

2.2.1 中国景观照明产业市场现状

根据市政工程协会道路照明专业委员会的统计，受益于全球各个国家或地区政策推广支持，景观亮化市场规模不断提高，2017 年全球景观亮化市场达到 2750 亿元，其中中国市场规模达到 678 亿元，同比增长将近 22%，中国已经成为全球最大的景观亮化市场。预计 2019 年中国景观亮化市场规模将达到 850 亿元。

根据市政工程协会道路照明专业委员会的统计，在各类型景观照明投资中，建筑物景观照明投资为 20 亿元；构筑物和特殊景观元素的景观照明投资占总投资数的 9%；商业步行街的景观照明投资约为 68.5 亿元；广场景观照明投资约为 9500 万元，占比 1%；园区景观照明投资约为 4 亿元，占总投资额的 4.01%。具体如图 2.2 所示。

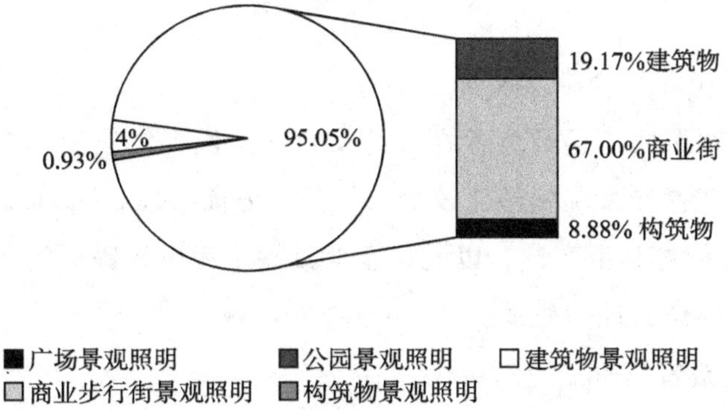

图 2.2 LED 景观照明投资比例

注：数据资料来源于市政工程协会道路照明公开资料。

2.2.2　中国景观照明产业竞争环境分析

公司在任何市场销售产品上都面临竞争。通过竞争环境调查，了解竞争对手的优势，相互借鉴，避免劣势，在目标市场选择产品质量、价格、服务策略等方面与竞争对手形成良性互补的业务结构。对竞争环境的调查侧重于了解公司的市场地位，制定有效的策略以避免劣势，并获得较高的市场份额。以下就图2.3展开分析。

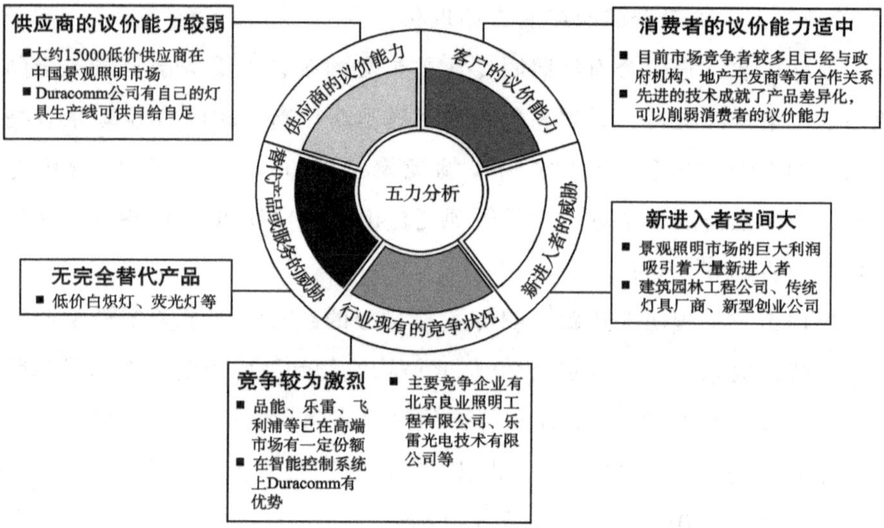

图2.3　五力竞争分析

（1）供应商议价能力较弱

现在景观照明市场虽然存在大约15000家低价供应商，但其中能够供应于灯光智能操作系统的却比较少。从另一方面考虑，Duracomm公司有自己的LED智能灯具生产线，以满足企业景观工程设计服务的需求。由此可见，供应商的议价能力较弱。

（2）消费者议价能力适中

目前市场竞争者较多，对于消费者来说，选择哪一家公司提供服务的随机性较大。但是其中一些公司具有的先进技术成就了产品的差异化，这样可以削减消费者的议价能力。

（3）无完全替代产品威胁

照明市场上虽有低价白炽灯、荧光灯等，但是目前还没有能够完全替代这种 LED 智能灯的产品。

（4）现有产业竞争者的威胁较大

现有的竞争者分布呈现区域聚集的特点，在北京、上海、广东等一线城市竞争相对激烈。Duracomm 进入时也要考虑到这一区域因素，可以考虑二、三线城市或者国家重点建设城市，降低竞争风险。

（5）新进入者空间大

现在景观照明行业发展较快，市场空间大，因此许多传统灯具制造企业、建筑园林企业以及创业公司都趋向此方向发展。未来不免有大批新进入者争夺市场。

2.2.3　中国景观照明产业未来发展趋势

目前，中国城镇化率不断提高（如图 2.4 所示），城镇化的加速将直接推动城市照明产业的发展。

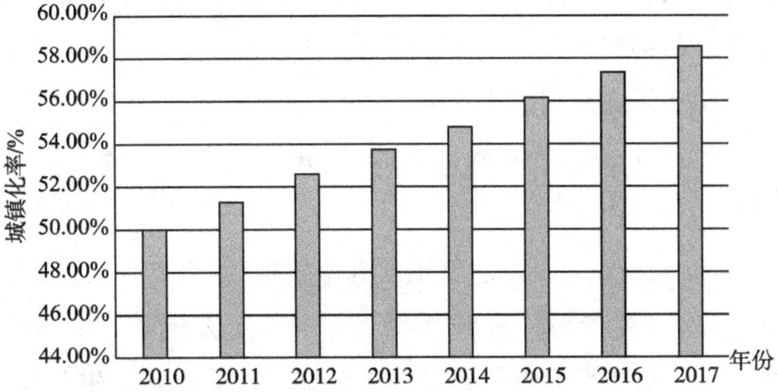

图 2.4　2010—2017 年我国城镇化率变化

注：表格内数据资料来源于国家统计局。

城市照明的快速发展改善了城市居住环境，提高了城市公共服务水平。同时，也为从事城市照明行业的相关公司创造了广阔的发展机遇。我国中北部地区有许多中小城市，对景观照明建设的规划非常重视。在“一带一路”倡议中，基础设施互联是重点建设领域，建设和配套产业将从中受益。在多重效益的影响下，景观照明产业在不久的将来将继续蓬勃发展。

3 Duracomm 公司内部环境分析

3.1 Duracomm 公司简介

表 3.1 Duracomm 公司价值链

材料采购和产品设计	生产经营工程设计	成品仓储提交方案	营销服务工程建设	售后服务	利润
基础设施					
人力资源管理					
研究与开发					
采购					

注：表格内数据资料来源于 Duracomm 公司。

Duracomm 公司是由台湾商人 Benny Lee 在美国密苏里州堪萨斯市自主创业建立的一家能源电器公司，目前企业规模较小，但积累了一定的资本。高公司产品都拥有美国和国际安全认证。企业主营产品有 LED 智能灯具并提供一站式景观照明解决方案。

3.2 Duracomm 公司内部资源分析

3.2.1 人力资源

Duracomm 目前拥有 260 名员工，其中包括 26 名管理人员，27 个创意设计团队，118 个生产部门和 89 个销售部门。从现有的人力资源结构来看还有待调整，采购生产总人数较多，可能存在资源浪费、生产效率低等问题。值得一提的是，Duracomm 公司具备独特的创意设计团队，这与公司现在的业务趋势密不可分。

3.2.2 技术资源

在技术方面，Duracomm 可以说是行业的先头军。公司拥有丰富的产品线，所有的产品都拥有美国和国际安全认证，并且通过了 ISO 9001 质量管理体系认证。创始人 Lee 对公司的愿望是点亮整座城市，无论是室内还是室外。他的创新团队已经研发出了高效的 LED 节能灯，可供消费者使用并降低对能源的消耗。不久前，公司新研发的建筑组合 LED 模块灯也更多地为保证企业的使用提供了独一无二的产品。这种模块灯是可定制的条形灯，这种形状易于在家住外墙做装饰，也方便铺设于走廊或通道；此外，Duracomm 还为顾客提供一款特质的软件系统便于对灯光进行设计。公司还设计了一款多色 LED 展示系统，将此系统与 Duracomm LED 智能灯链接，可以对外墙的灯光照射颜色进行实时调节，这一系统已经在美国注册申请了专利。

这些智能系统与智能灯具在这个行业中可谓是走在了前端，我国市场现在也已经逐步开发出相似的产品，所以 Duracomm 公司进入我国景观照明行业的前景光明。

3.2.3 财务资源

企业跨国经营要进行长期的投资，需要在开展国际业务前积累资金以提供稳定的支持。如果公司资金短缺、财务方面较为困难，则在国际市场进入模式选择时会备受限制。Duracomm 公司目前虽然企业规模较小，但公司经营稳健，财务运作状况良好，在美国本土经营稳定，也是堪萨斯市领军企业。通过多年服务于该城市，公司品牌备受消费者青睐，因此企业自身积攒了一定的资本，令其可以进行国际市场扩张。

3.3 Duracomm 公司内部能力分析

3.3.1 研发能力

Duracomm 照明公司拥有一流的、经验丰富的、积极思考的精英计划和设计团队，不仅能整合城市人文和生态元素，而且通过文化与创意的结合，照明与空间的融合，以及在城市景观中扎根的丰富体验和高通量项目报告体验，能充分满足客户景观照明需求，实施城市规划意图，把握市政工程发展方向，从而让最好的想法出现在纸上，让最美丽的艺术装扮城市的专业设计深受客户和游客的青睐。

凭借完善的产品开发管理体系和专业的设计团队，采用国内外最新技术，加上完整的供应链管理和制造能力，可以为客户提供多样化和个性化的产品和服务。公司致力于智能工业照明领域，研发、生产、销售、服务紧密围绕客户需求，整合优秀供应商，打造完整的供应链体系。建立了两个固定照明和移动照明分支，从设计到生产，确保每个过程都是围绕客户需求进行的。公司因产品线丰富，业务综合能力强也带来了一定的优势。

3.3.2　生产能力

Duracomm Lighting 拥有功能强大、快速响应、高效率和声誉良好的工程和技术服务支持团队。该团队由业内多名知名高级工程师和专家顾问领衔，不仅可以同时进行10多个项目的高效施工，而且可以处理在日程紧张和任务繁重的情况下的突发事件。

4　Duracomm 景观照明中国市场进入战略与模式选择

4.1　SWOT 分析与战略选择（表4.1）

表4.1　Duracomm 公司的 SWOT 分析

	优势（S）	劣势（W）
	1. 研发能力强，技术先进。 2. 完全的产业链以及业务服务。 3. 产品优势，符合国际标准。	1. 缺乏海外管理经营经验。 2. 品牌知名度低。 3. 公司规模较小。 4. 缺少国际员工。
机会（O）	SO 战略	WO 战略
1. 政策支持，行业飞速发展期。 2. 市场需求量大，城市化发展要求景观照明测量。 3. 缺乏行业领导者，国内目前没有知名的产业龙头，各个城市自成一派。 4. 中国高科技公司的投资环境非常好。 5. LED 技术不断成熟。 6. 民众以及政府对节能环保理念及追求和对审美能力提高为行业带来了更多机会。	1. 利用核心技术积极需求合作伙伴，积累海外经验。 2. 充分利用市场需求，争取在中国市场占有一定份额。 3. 完善技术体系，学习本土公司技术与经验。	1. 寻找本土合作伙伴。 2. 扭转劣势，集中一个产品，深入挖掘，做到业内领先，打响品牌。 3. 提高管理水平积累经验。 4. 寻求本土人才。

续表

	优势（S）	劣势（W）
	1. 研发能力强，技术先进。 2. 完全的产业链以及业务服务。 3. 产品优势，符合国际标准。	1. 缺乏海外管理经营经验。 2. 品牌知名度低。 3. 公司规模较小。 4. 缺少国际员工。
威胁（T）	ST 战略	WT 战略
1. 中美文化差异较大，近期的贸易冷战容易造成壁垒。 2. 竞争企业众多，市场较为激烈。 3. 汇率存在一定风险。	1. 区分于竞争者迅速占领一个细分市场。 2. 加强研发与创新。 3. 采用国际高端景观照明氛围，吸引客户。	放弃低端项目，避免竞争。

综上所述，Duracomm 公司进入中国景观照明行业市场的主要优势还是来自企业内部的技术资源与研发能力，同时外部因素如政策与市场需求等也为 Duracomm 公司进入中国景观照明行业市场提供良好的发展机遇。

因此，Duracomm 公司应该从内部优势与外部机遇（SO 战略）两个综合因素入手，充分发挥包括技术能力、研发能力融资与创新能力在内的核心竞争力，抓住政策扶持下扩大的市场需求，以便成功进入中国市场。

4.2 进入模式选择

4.2.1 进入模式决策模型

企业的跨国经营受到多种因素的综合影响，在这些因素的影响下能否成功进入目标国市场，开辟海外业务，进入模式的选择决定了进入市场的关键一步。本文将选用鲁特的模式决策模型，结合 Duracomm 公司自身特点，对进入模式进行分析，最后提出 Duracomm 公司进入中国景观照明行业市场的模式选择建议。

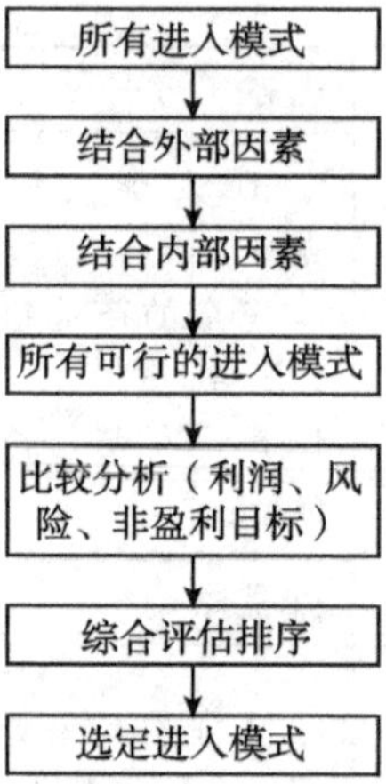

图 4.1　进入模式决策模型

4.2.2　进入方式可行性筛选

决策的第一步是分析进入市场的内部和外部因素，并筛选出较可行的进入模式。这一步将一些受内外部因素影响较大的模式排除在外。以下根据第 3 章和第 4 章的内外部分析，咨询中国标准化研究所的专家，提取主要影响因素设定比例，并请中国科学院科技战略咨询研究院专家对各项因素进行综合评分。内、外部两大项分别占比 50%，各部分内按每项因素 10% 的权重分别进行评分，评分标准按照因素对进入模式的有利程度划分为不利 1 分、较不利 2 分、适中 3 分、较有利 4 分、非常有利 5 分。最后将两部分的得分汇总，3 分以上（包含 3 分）作为可接受模式被选出。

（1）结合外部因素

从外部因素来看，Duracomm 公司进入中国市场政策风险较低，技术资源丰富，生产成本也会降低，并且有巨大的市场需求，所以营销环境优良，销售潜力大，虽然地理位置与文化差异带来了一些负面的影响，但是我们可以看到，一些模式还是可以避免这些不利因素的。

分析表 4.2 不难看出，合同经营、收购两种方式得分高于 3 分，单从外部环境来看选择这两种进入模式比较有利。贸易出口、许可经营两种模式因受外部因素影响较不利，在此环节得分较低。

表 4.2 外部因素对进入模式影响分析

外部分析（50%）				
	进入模式			
外部因素（100%）	贸易出口	许可经营	合同经营	收购经营
政策风险（10%）	2	3	3	3
地理距离（10%）	2	2	4	4
汇率影响（10%）	2	3	4	4
技术资源（10%）	1	3	4	5
营销渠道（10%）	3	3	4	5
市场空间（10%）	2	2	4	4
竞争程度（10%）	2	3	3	4
文化差异（10%）	4	4	3	3
壁垒影响（10%）	2	3	3	3
人力资源（10%）	2	2	4	5
合计 1	2.2	2.8	3.6	4

（2）结合内部因素

分析表 4.3，Duracomm 公司偏向于技术密集型产品，技术是它的核心竞争力，所以结合企业自身特点，出口或者许可经营这种进入模式在远距离的情况下容易对技术失去控制，所以在产品与服务方面得分低于 3 分，不被选择。相比之下，对 Duracomm 这种技术密集型企业，合同与收购两种模式可以更好地发挥企业优势。

表 4.3 内部因素对进入模式影响分析

内部分析（50%）					
		进入模式			
企业因素	Duracomm	贸易出口	许可经营	合同经营	收购经营
产品与服务（50%）	差异化（10%）	2	2	4	4
	标准化（10%）	4	4	2	3
	技术密集型（10%）	3	3	4	4
	服务密集型（10%）	2	2	4	4
	适应性（10%）	2	3	4	5

续表

内部分析（50%）					
		进入模式			
企业因素	Duracomm	贸易出口	许可经营	合同经营	收购经营
资源（10%）		3	3	3	3
制造商规模（10%）		2	4	4	4
专业技能（10%）		3	3	4	4
国际经验（10%）		4	4	3	2
合计 2		2. 5	2. 8	3. 2	3. 3

综合内外部因素，可以排除贸易出口与许可经营两种进入模式。因此，在选择进入模式时，Duracomm 可以专注于差异化较高、适应性较强的合同或收购模式，充分发挥企业在产品与服务上的专业优势，如表 4. 4 所示。但因为缺少跨国经营经验，特别是在资金与政策协调方面，Duracomm 的经验严重不足。所以两种模式最终要确定哪一个则需要进一步的考量。

表 4. 4　合资、独资模式内外部因素综合得分

模式	综合得分		总计
	外部分析（50%）	内部分析（50%）	
合同经营	3. 6	3. 2	3. 4
收购经营	4	3. 3	3. 65

4. 2. 3　比较分析

经过内外部分析，合同与收购这两种模式更适合 Duracomm 公司，成为最可行的进入模式。按照因素匹配度的标准，通过分析比较利润、比较风险和非盈利对象，在合同与收购两种模式中进一步验证，选择出适合 Duracomm 进入中国景观照明行业市场的最优模式。本部分参考既有文献，采用比较分析法，对合同经营、收购经营两种模式进行进一步评估。以下采用德尔菲方法，向中国科学院科技战略咨询研究院和中国标准化研究所的两位专家咨询，独立确定 9 小项，总和为 3 大项即利润贡献、市场份额和风险的权重比率（基于 10% 的整数倍，权重总和不超 100%），之后由两位专家按照优 3 分、良 2 分、差 1 分的评分标准对利润、市场份额进行评估；按照优减 1 分、良减 2 分、差减 3 分的标准对风险进行评估，取两位专家的平均分填入表内，最终加权汇总从而得出最佳的进入市场模式。

（1）比较利润贡献分析

根据进入模型中的利润贡献描述，它是指在一定时期内通过各种可行的模式获得的所有收益。对于 Duracomm 公司来说利润贡献不同于其他指标，所以占 40% 的比重（见表 4.5），进入市场是否能快速获取利润占有一定市场份额是该公司的期望与目标。

表 4.5　比较利润贡献分析

模式	比较利润分析（40%）		得分
	投资回收期（50%）	投资期内利润贡献（50%）	
合同	3	2	2.5
收购	2.5	2.5	2.5

从投资的回收期长度来看，收购因前期需要投入大量资金，投资回收期较部分资产投入的合同模式来说相对时间要长一些；从投资期内利润贡献这一方面来看，收购虽然前期投入较多，但投产后将有效地降低成本、提高利润率，较合同这种在短期内容易被学习的模式来说，收购进入模式对于技术密集型企业来说能有效地保护自己的竞争力，从而在短期内盈利。

（2）比较风险分析

风险分析也是进入模式选择中的一项重要因素，所以风险权重拟定为 30%；风险因素为减分项，此处为负值。三大风险因素（政治风险、财务风险、谈判风险）的比较分析如表 4.6 表示。

表 4.6　比较风险分析

模式	比较风险分析（30%）			得分
	政治风险（40%）	财务风险（40%）	谈判风险（20%）	
合同	-1	-2	-2	-1.6
收购	-1	-2.5	-1.5	-1.7

从政治风险来看，我国政治环境相对稳定，法律法规健全，且对高新技术企业实行积极引进政策，所以风险较小。从财务风险来看，收购前期投资相较于与企业合资，在前期成本上投入会较多，能否在海外市场盈利有着很大的不确定性，所以财务风险较大；相比之下合同的方式会将部分风险转移到合作伙伴处，分担风险。谈判风险上，对于进入海外市场主要涉及的谈判过程分别是在前期投资与合作伙伴或者收购对象的谈判、企业运营中与上下游的谈判，合作的模式在分配比率上谈判的难度更大，所以风险较大。

（3）非盈利对象分析

Duracomm 公司进入我国市场主要目标是获取利润，树立品牌形象，占据市场分额，所以非盈利对象这一部分赋予的权重为 30%，如表 4.7 所示。从市场份额来看，收购可能更有优势；品牌形象树立方面，收购方式则更加能保护 Duracomm 的品牌原有形象，出现在公众视线内，制造品牌联系，渗透广泛，形成品牌影响力，深入合作。当然风险与机遇并存，渗透较强的投资方式也当然存在退出成本巨大的弊端，前期的投资可能都沦为最终的亏损，而相比之下合同的风险分担更能体现出优势；但合同由于需要将技术泄露，所以也更容易失去控制。

表 4.7　非盈利对象分析

模式	非盈利对象分析（30%）				得分
	市场份额（40%）	品牌形象（30%）	退出成本（15%）	控制力（15%）	
合同	2	2	2.5	1.5	2
收购	2.5	3	2	3	2.65

4.2.4　综合评分结论

由表 4.8，通过综合分析比较利润贡献、比较风险、非盈利对象三个因素，Duracomm 公司进入中国景观照明市场最优的模式为收购，尽管风险稍大，但是在市场份额、品牌形象等非盈利对象的方面，收购有着显著的优势，尤其是对企业核心技术的保护上，收购这种模式不会让技术快速外流，因而创造竞争者；此外收购能够在生产制造方面得到保证，降低投资设备等成本，减轻投资负担。

表 4.8 综合评分分析

模式	综合评分			得分
	比较利润贡献（40%）	比较风险分析（30%）	非盈利对象分析（30%）	
合同	1	-0.48	0.6	1.12
收购	1	-0.51	0.795	1.285

4.3 小结

以上分析内外部环境影响因素对进入模式的影响，以及被选择模式的比较分析，可以得出，收购这种经营的方式更加适合 Duracomm 进入中国景观照明市场。

5 结语

Duracomm 公司迎来了进入中国景观照明行业市场最好的时期。通过进一步的分析，Duracomm 公司面临的内部、外部环境都较为稳定，对于高新技术产业的引进项目，路径还是较为顺利的。特别是 Duracomm 公司在技术研发、产品设计等方面都有一定的先进经验，它的进入会带动产业的创新能力，扶持非技术型能源照明小企业改变发展方向，提供企业活力，创造良性竞争条件，继而推动产业的创新发展。

本文重点从跨国公司海外市场进入模式方面为 Duracomm 公司进入中国的模式选择建言献策，因为该公司此前毫无海外跨国经营经验，盲目进入会存在很大风险。并且，Duracomm 作为中小企业中求变的典型，它的进入模式也更需要强调自己的核心价值，保护技术型优势，所以通过对外部环境和内部能力进行分析，并运用决策模型对 Duracomm 不同的进入方式进行比较研究，本文得出 Duracomm 公司应选择有话语权能够控制技术优势的收购方式。另外，要充分利用中国“一带一路”和京津冀协调发展的战略机遇，着力抓好快速发展的城市群布局。收购本土小型能源照明制造公司，进一步加强技术研发，相信一定能成功进入中国市场，并获得稳定发展。

参考文献

[1] 刘斌，王杰，魏倩．对外直接投资与价值链参与：分工地位与升级模式[J]．数量经济技术经济研究，2015（12）：39－56.

[2] 葛顺奇，罗伟．跨国公司进入与中国制造业产业结构——基于全球价值链视角的研究［J］．经济研究，2015，50（11）：34－48.

[3] 黄璧，吕连菊．文化差异与跨国公司进入模式及其表现［J］．江西社会科学，2014，34（3）：219－223.

[4] 李冰洁．跨国公司的中国市场进入模式影响因素分析［J］．商业时代，2013（22）：66－6 7.

[5] 李冰洁．跨国公司进入中国市场模式分析［J］．商场现代化，2012（33）：43.

[6] 郑彦涛．简析我国半导体照明产业经济发展［J］．照明工程学报，2017，28（2）：121－125.

[7] 温其东．2016 中国照明电器行业发展情况及企业竞争力分析（下）［J］．中国照明电器，2016（11）：1－8.

[8] 尉颖琪，王咏笑，王洁，等．城市景观照明的国际经验及其对中国的启示［J］．照明工程学报，2015，26（3）：1－6.

[9] 刘海云，杨文静．我国 LED 企业跨国并购的风险及应对之策——以金沙江 GO Scale Capital 收购 Lumileds 为例［J］．对外经贸实务，2016（5）：75－77.

[10] 郑嘉伟．2015 年中国 LED 行业分析与展望［J］．电子科学技术，2015，2（2）：237－242.

[11] 洪联英，周舜龙．中国企业海外并购的成长机制［J］．长沙理工大学学报（社会科学版），2015（1）：91－99.

[12] 张潇涵．我国中小企业国际化经营战略探索［J］．中国商界（下半月），2010（10）：228 －229.

[13] 杨洋，魏江，王诗翔．内外部合法性平衡：全球研发的海外进入模式选择［J］．科学学研究，2017，35（1）：73－84，124.

[14] 桂檬，朱建林，李怡霏．企业海外市场进入模式选择影响因素前沿述评与展望［J］．现代管理科学，2017（8）：54－56.

[15] 周经，刘厚俊．制度环境、公司战略导向与中国 OFDI 模式选择——基于中

国微观企业数据的研究 [J]. 世界经济与政治论坛, 2017 (6): 22 -37.

[16] 贡云鹏. 跨国公司进入方式选择分析与策略 [J]. 商情, 2017 (31): 45 -46.

[17] 蒋冠宏. 中国企业对“一带一路”沿线国家市场的进入策略 [J]. 中国工业经济, 2017 (9): 119 -136.

[18] 杜晓君, 齐朝顺, 杨勃. 政策风险与中国跨国企业海外市场进入模式选择 [J]. 管理科学, 2017, 30 (4): 111 -123.

[19] 李冰洁, 冯宗宪. 基于 AHP 分析法对跨国公司进入中国市场模式的研究[J]. 科技管理研究, 2006 (11): 59 -62.

[20] 程倩. 杭州 GY 实业有限公司国际市场进入战略研究 [D]. 浙江理工大学, 2016.

[21] 陈立敏, 万晨曦. 企业的国际市场进入模式研究——基于 1986—2016 年国际顶级管理学期刊的文献计量分析 [J]. 珞珈管理评论, 2017 (1): 46 -61.

[22] 陈怀超, 陈安. 跨国公司国际市场进入模式的理论梳理与评析 [J]. 财经分析, 2014 (3): 20 -25.

[23] Heng Li, Zhigang Jin, Vera Li, Guiwen Liu, R. M. Skitmore. An entry mode decision—making model for the international expansion of construction enterprises [J]. Engineering, Construction and Architectural Management, 2013 (20): 160 -180.

东南亚农产品跨境电商物流的创新商业模式

韦妮坚[1]　赵　进[2]

（1. 北京联合大学商务学院国商1402B学生；2. 指导教师）

摘　要： 传统农产品零售贸易中供销渠道复杂多层，零售电商企业获取产品的成本高，物流企业通过掌控上游供应链去除中间环节，提高冷链仓储运输服务质量以及其他增值服务以实现真正的一站式解决方案，提升物流企业价值。本文以新型物流服务商有仓物流为例，通过文献研究以及实证研究方法，梳理东南亚农产品跨境电商进口物流的发展态势，结合相关理论，分析企业的商业模式现状，为研究企业就开展东南亚农产品跨境电商进口物流业务设计创新的商业模式。

关键词： 商业模式；画布模型；东南亚跨境进口电商物流

1　引言

农产品跨境电商的爆发在给物流服务商带来机遇的同时，也对物流模式的创新带来严峻挑战。传统农产品电商的供销路径是由很多中小型贩运机构到农场、种植园采购后供货给大型的渠道商，大型的渠道商利用重资本和物流资源向多家线上线下的零售商供货（如图1－1所示），零售商最终获得产品的物流成本被层层中间商的利润所提高。

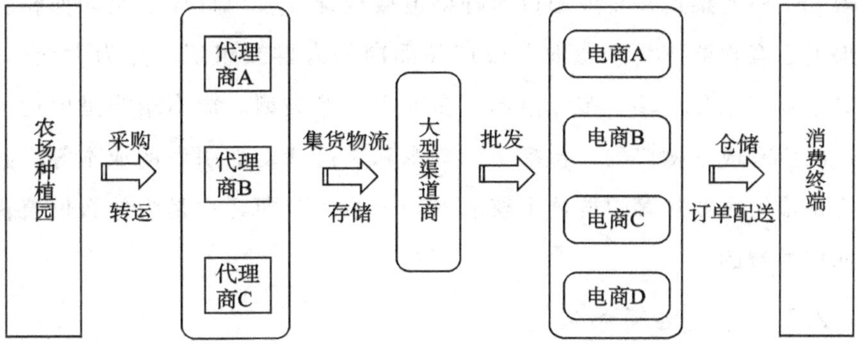

图1-1 传统农产品电商的供销路径

又由于农产品的品类特性、储存条件敏感、食用安全等问题，相较于传统农产品国际贸易的大宗货物运输、报关清关、结算、退税等流程，农产品跨境进口电商对物流的要求更高。农产品跨境电商如何以最有效、性价比最高的方式获取选品，成为物流服务商创新商业模式的关键驱动因素。

2 核心概念

2.1 商业画布模型

商业模式并非一时获利而是长期的盈利模式，是一个企业创造价值的逻辑。Osterwalder提出的商业画布模型能够使计划灵活多变，且更容易找到满足用户的需求缺口。模型包括9个要素：关键合作伙伴、关键活动、关键资源、价值主张、客户关系、销售渠道、客户群体、成本结构、收入来源。[1]

关键合作伙伴是推动企业发展所需的供应链及合作伙伴网络。关键活动是创造和提供接触市场、价值主张、维系客户关系并获取收入而开展的活动。关键资源包括物理资源、无形的资源、人力资源、财务资源等，用来描绘让商业模式有效运转所必需的最重要的因素。价值主张是一个要向目标客户传递何种价值观念或服务理念，以及通过企业的产品或服务能够明确为客户解决的问题是什么。[2]客户关系是与目标用户建立并维持的关系模式。销售渠道是企业通过何种渠道接近细分客户群体以及如何整合销售渠道。客户群体是企业业务或产品面向的人群或组织，分为大众市场、利基市场、细分市场、多元市场、多变平台等类型。成本结构是由运营所引起的所有成本构成的，包括关键资源和关键活动而引发的成本等。收入来源是描绘企业从客户群体中获取的现金收入，即客户是为什么价值付费且如何付费的。

2.2 跨境电商物流

张夏恒（2015）认为跨境电商是以国家为单位的不同交易主体之间，以现代信息科技技术、网络技术为技术基础，利用电商平台陈列商品的陈列、浏览、选择、订单处理、在线金融交易、售后服务等活动，最后由线下的配送服务将商品从卖方交付至消费者。Erengus S（1999）等认为在两个国家或两个以上国家之间进行的物流活动是跨境物流，跨境物流是物流服务发展的高级阶段。[3]跨境电商物流是在跨境电商背景下出现的为了满足电商特性即单量小、多批次，而服务于跨境电商企业的一种物流形式。

3 东南亚农产品跨境电商物流发展态势

近年来，进口农产品、生鲜电商相继成为农产品电子商务发展的热点，eBay、亚马逊、淘宝天猫、京东商城、1 号店等跨境电商平台相继开通农产品跨境进口频道[4]。东南亚是热带地区，气候温暖湿润，非常适于种植热带经济作物和热带农副产品。[5]有着地缘优势和比较优势的东南亚是我国农产品进出口的主要地区。当前的东南亚跨境电商物流企业服务方案大同小异，没有形成一个系统的生态圈。跨境电商物流在成本控制、派送时效、支付环节、海外仓建立壁垒、海关检验信息传递、消费者对物流实时信息的跟踪调查等方面都存在很大发展空间。

农产品跨境电商物流的发展态势，对于中小微企业来说，要整合农产品供应链，包括采购、仓储、加工、配送、售后等，[6]要求及时周转资金，控制风险，以及适时调整营销策略。对于资金链和物流体系较完善的大型企业来说，需要进一步整合产业链，从为农产品选地、选种播种以及施肥灌溉到收获甚至一直延伸到消费终端，整合产业链、重资产经营将可能会成为今后农产品电商发展的方向。

4 有仓物流的商业模式现状

4.1 企业概况

有仓物流成立于 2015 年 9 月末，是国内首家提供仓储服务、运输策略、分析工具等一站式解决方案的物流供需匹配平台，为客户提供灵活、高效、性价比高的仓库网络。目前已经在全国部署了 96 间云仓，其中部分是服务能力较强的旗舰仓，按照客户要求部署视觉系统、硬件设施和专属管理团队。

4.2 企业现有商业模式的画布模型分析（如图 4－1 所示）

<table>
<tr><td>关键合作伙伴
■ 投资方
■ 国内各电商平台
■ 国内各类物流配送快递企业
■ 仓库用地地产商</td><td>关键活动
■ 仓租服务
■ 管仓服务
■ 订单交付服务</td><td>价值主张
■ 中小企业的物流管家
■ 满足各种细分需求的一站式解决方案</td><td>客户关系
■ 自营内容平台“有仓精选”，给客户提供国内外物流行业最新动态，免费推送优质客源信息</td><td rowspan="2">客户群体
■ 企业周边
■ 3C产品
■ 服饰箱包电商企业</td></tr>
<tr><td colspan="3">关键资源
■ 物理资源，国内36个城市的96间云仓
■ 财务资源，资金流稳定
■ 在国内市场有一定客户资源
■ 人力资源背景深厚</td><td>销售渠道
■ 线上线下广告推广
■ 客户推荐等</td></tr>
<tr><td colspan="2">成本结构
■ 租仓成本，包括仓库租金、库内建设及维护、流通加工
■ 软件开发成本
■ 市场运营成本
■ 人力资源管理成本
■ 企业运营成本等</td><td colspan="3">收入来源
■ 仓库租金
■ 物流方案
■ 市场营销等增值服务</td></tr>
</table>

图 4－1 有仓物流现有商业模式的画布模型分析

其中现有商业模型的关键活动如图 4－2 所示。

（1）仓租服务

目前市场上大部分企业需要的仓储服务通常由租仓、管仓、运输三部分构成，相较于传统物流模式动辄大面积长时间的起租限制，有仓物流打破传统仓库高昂的起租成本、不透明的价格空间，采用个性化的承租方案，对接标准的运输产品，采用按月出租、50 平米起租的模式，租期灵活，满足碎片化仓库需求，帮助许多中小型企业解决了在租仓时面临的困境。

（2）管仓服务

采用 SAAS 系统物流监控，在线完成入库、出库、运单查询、库存管理工作；使用在线分析工具实时统计当前状态及查看历史数据；同时还有 24 小时专属物流管家。

（3）订单交付服务

在最重要的订单交付环节，对所有出库产品通过订单分拣、包装后实施四种运输方式：标准快递（主要是通达系为主的快递网络，便宜、有效）；高端快递（主要是顺丰、FedEx，可靠性较强）；标准运输（主要是德邦、安能为主的快运网络，适合批量、大件运输，网络覆盖较全）；有仓运输（自营车队和配送资源，报价根据物流数据定制，性价比较高，更容易量身定制）。

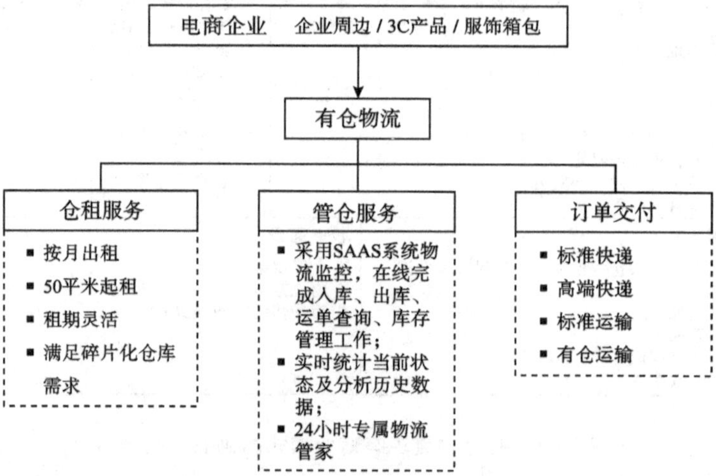

图 4－2　有仓物流现有商业模式的关键活动

5　有仓物流农产品跨境进口电商物流商业模式创新设计

有仓物流的未来战略目标是开拓国际市场，整合、掌控上游供应链，实现全程物流的创新，为客户真正做到一站式解决方案。东南亚农产品跨境进口电商物流市场的缺口对有仓物流来说是一个创新的机会，开拓国际市场从东南亚开始，整合自身资源，抓住农产品跨境进口电商纷纷寻求供应链合作的机遇，利用重资产和现有资源整合供应链，与农产品产地、农产品跨境进口电商企业签订包销协议，利用现拥有的仓库资源、仓库管理技术，再引进冷链仓库技术，对部分仓库增加适合仓储特定生鲜农产品品类的功能，同时利用网络技术在现有平台上增加在线运价查询、货物追踪、管理仓库、在线调拨、支付、清关报关代理等功能，加强与东南亚跨境出口至中国物流企业、国内生鲜农产品电商平台、国内最后一公里配送的快递企业合作，为农产品跨境进口电商企业提供全程物流一站式服务，去除中间商环节，致力于为农产品跨境进口电商企业提供最灵活、性价比最高的物流服务。

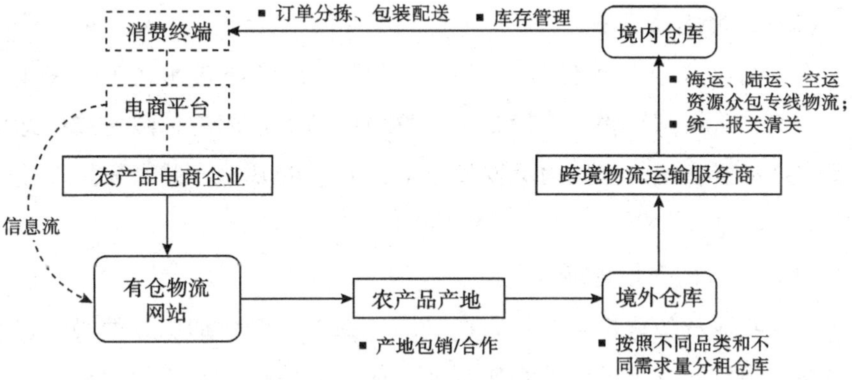

图 5－1　有仓物流创新商业模式的创新设计

有仓物流农产品跨境进口电商物流创新商业模式的画布模型分析如图 5－2 所示。

其中创新商业模型的关键活动如下：

（1）农产品产地包销/合作

与农产品生产商、农产品跨境进口电商签订包销等合作协议，实现从源头控货，再通过全程物流向农产品跨境进口电商供货。

（2）物流策划方案

客户在线查询、选择东南亚农产品品类、生产商、境内外仓储类型和

关键合作伙伴
- 投资人
- 东南亚农产品产地供应商
- 跨境物流服务商
- 报关清关代理商
- 国内快递服务商
- 境内境外仓库用地供应商
- 国内电商平台

关键活动
- 农产品产地包销/合作
- 物流策划方案
- 跨境物流运输
- 境内外仓租管理
- 最后一公里订单交付

关键资源
- 境内外仓库用地资源
- 财务资源（资金、财务关系、财务机制）
- 合作资源（关键合作伙伴）
- 人力资源
- 技术资源（网络、冷链仓储运输）

价值主张
- 为农产品电商企业在整合农产品供应链过程提供产地选品、加工包装、仓储、运输、配送、售后、增值服务等一站式新型跨境电商物流服务

客户群体
- 农产品跨境进口电商企业

成本结构
- 产地仓库建设，商务合作
- 境内外仓库用地、运维管理
- 软件开发与系统升级
- 人力资源管理
- 组织发展建设

销售渠道
- 直接服务用户，无中间商

客户关系
- 物流方案设计
- 营销增值服务
- 信用返利机制

收入来源
- 物流服务
- 仓租管理
- 控货差价

图 5－2　有仓物流创新商业模式的画布模型分析

面积、跨境物流运输服务、报关清关代理服务以及其他增值服务等策划一站式物流方案。

（3）跨境物流运输

有仓物流采取源头供货，将农产品统一在境外仓库加工、编码、包装、集货，再由国际物流运输服务商将农产品通过海运、陆运或空运的方式将农产品货物运输至国内关键城市的有仓仓储基地，其中通过在线报关清关。

（4）境内外仓租管理

有仓物流从源头供货，将农产品统一在境外仓库加工、编码、包装后通过国际通路转移至国内的仓库基地，前后都保持个性化的承租方案，对接标准的运输产品，提供完善的冷链仓储设备，保持灵活出租、小量出租模式，满足碎片化仓库需求。专业的仓管人员根据农产品类型和电商企业的标准进行分类管理，保证产品的最佳仓储环境。使用 SAAS 系统物流监控，在线完成入库、出库、运单查询、库存管理工作，在线分析工具实时统计当前状态及查看历史数据，以及提供 24 小时专属物流管家服务。

（5）最后一公里订单交付

对接各类电商平台的订单信息，将消费者购买的产品在库分拣包装，通过国内标准化的快递将农产品高效地配送到消费者终端。

6 结论

通过分析东南亚农产品跨境进口电商物流市场的发展现状与前景，总结市场机遇与挑战。有仓物流抓住农产品跨境进口电商纷纷寻求供应链合作的机遇，利用重资产和现有资源整合产地供应链，扩展仓租管理地理范围和通过完善冷链仓储即基础设备提供技术支持，利用网络技术在现有的平台上实现在线选品查价、运价查询、货物追踪、管理仓库、在线调拨、支付、清关报关代理等功能，与国内电商平台完善信息流对接，实现最后一公里配送到终端消费者的真正一站式解决方案。这种创新的商业模式实现了上游控货，去除中间商环节，全程为农产品跨境进口电商企业提供最灵活、性价比最高的物流服务。通过创新商业模式为客户和生产商搭建一条快捷的沟通与交易通道，[7]致力于成为国内领先的农产品跨境进口电商物流在线交易与服务平台。为供需双方提供互动的机会，强化信息和沟通技术，通过宣传推广引入流量，向客户传递商业价值，增加企业收益。

参考文献

[1] Marcus Linder. Circular Business Model Innovation: Inherent Uncertainties [J]. Business Journal, 2015 (9).

[2] Blum B S, Goldfarb A. Does the internet defy the law of gravity? [J]. Journal of international economics, 2006, 70 (2): 384 - 405.

[3] Erengus S, Simpson N C, Vakharia A J. Integrated production/distribution planning in supply chains: An invited review [J]. European journal of operational research, 1999, 115 (2): 219 - 236.

[4] 窦欣. 我国跨境农产品电商与冷链物流的融合发展现状与对策 [J]. 保鲜与加工, 2017, 17 (4): 134 - 138.

[5] 丁珏. 我国跨境电商农产品贸易发展的特点与制约因素分析 [J]. 对外经贸实务, 2016 (4): 36 - 39.

[6] 韩凯. 数说我国农村电商（下）[N]. 新农村商报, 2017 - 11 - 1.

[7] 徐汉柱、朱向平. 现代物流系统中的物流新技术研究 [J]. 物流科技, 2016, 39 (11): 46 - 48.

企业商业模式的选择与创新性研究

——以参观义乌企业为例

刘思圆[1]，肖国庆[2]，陈曼青[3]，王慧慧[4]，吕雅婧[5]，潘月杰[6]

（1—5. 北京联合大学商务学院

国商1601B学生；6. 指导教师）

摘　要：本文以浪莎集团、双童日用品有限公司、义乌良库文创园和义乌宾王158为例，阐述了商业模式的概念，探讨了商业模式选择的六大因素结构组成和商业模式创新的路径，研究了四家不同企业的产品独特创新、转型升级、销售渠道创新、国际合作共四个方面的创新性商业模式。

关键词：义乌；商业模式；转型升级；创新

一、商业模式创新的背景

（一）经济背景

中国现在已经从短缺经济转变到过剩经济，所有的商品几乎都是过剩的，需要新的形式来满足消费者的需求，因此商业模式的创新对企业的发展非常重要。

（二）文化背景

文化环境所蕴含的因素主要有社会阶层、家庭结构、风俗习惯、宗教信仰、价值观念、消费习俗、审美观念等。在企业面临的诸方面环境中，社会文化环境是较为特殊的：它不像其他环境因素那样显而易见与易于理解，却又无时不在地深刻影响着企业的百场营销活动。随着我国经济的快速发展，我国的消费习俗和审美观念有了非常大的改变，有很多越来越新潮的东西融入了我们的生活，企业也面对着越来越多的挑战，因此企业只有将商业模式进行创新，才能增加企业在社会上的竞争力。

（三）技术背景

在当今时代，大数据的不断发展和进步，带动了互联网络的前进和发展。信息网络和通信技术的快速进步，为数据提供了广阔的增长空间，企业对外部数据的获取量几乎是数亿的。与此同时，随着大数据的迅猛发展，消费者对商品也有着更高的要求，因此，在数据信息爆炸增长的时代，原有的商业模式与目前时代的发展很难匹配在一起了，商业模式是企业第一生产力；商业模式决定了企业的成败。因此，诸多企业都越来越重视商业模式的问题，都在找寻着商业模式的创新，以此来提升企业自身的竞争力。所以，对大数据背景下商业模式创新的研究是尤其重要的，我们只有进行了商业模式的创新，才能够让我们的企业更好地立足于社会，与其他竞争者相比更加有优势。

二、商业模式的内涵

商业模式的发展：对于什么是商业模式，我们首先要了解商业的本质是什么。早期的商业起源于商周时期，以货物为媒介进行商品交换，后来发展成为以货币为媒介进行交换从而实现商品流通的经济活动。不管是早期的物物交换，还是后来把货币当作一般等价物的商品交换，都是基于人们一定的价值认识，实现产品和服务流通的一种经济形式。早在 20 世纪 50 年代就有人提出了“商业模式”的概念，但直到 1990 年才流行开来。罗倩（2014）定义：“商业模式是一种在特定情境功能下，企业进行价值创造和价值获取活动及其相互关系的结构体系。”商业模式的核心就是产品，而产品的本质是为用户创造价值。一个完整的商业模式应该包括产品模式、用户模式、推广模式、收入模式。

商业模式的选择考虑因素：不同的企业有不同的商业模式，最优的商业模式应该是价值的实现与价值的创造。价值的实现主要是针对产品满足消费者的服务需求，价值的创造则是产品生产链的延伸，实现产品的增值和企业价值的提升。总的来说，商业模式主要包括六大要素：定位、业务系统、关键资源能力、盈利模式、自由现金流结构、企业价值（见图 1）。笔者认为企业定位要作为选择商务模式考虑的首要因素，其次是整个业务机制的运行，最后要考虑整个商业模式中企业自身利益实现的可能性和企业社会价值的实现可能性。而整个业务机制的运行又包括工作流、信息流、实物流与资金流。选择一个合适的商业模式，只有实现各个部分的相互协调才能为企业带来长期效益。以双童企业为例，双童将自己定位于专注于每一根吸管，实施“小客户原则”。在这个基础上，双童将其业务系统划分为线上销售和线下销售两个销售平台，不断优化客户关系管理，进行长期合作。在关键资源能力方面则利用其自身的节水系统，实现资源的升值，也是其盈利模式的重要组成部分。同时其盈利模式还包括长期的吸管利润以及整个生产经营环节费用的支出两大部分。双童将其自由现金流的大部分用于社会回报，不但自己实现了盈利，更造福了社会。双童的整个商业模式的选择并不是一步到位的，而是在不断的探索中进行优化的。它在优化商业模式时不但考虑到企业利润的可实现性，更注重自身的社会价值，回报社会。在互联网经济浪潮下，双童将继续转变商业模式，在规模上保持适量扩张，实施机器人换人提高产出效率，重塑利通渠道，提高市场占比。

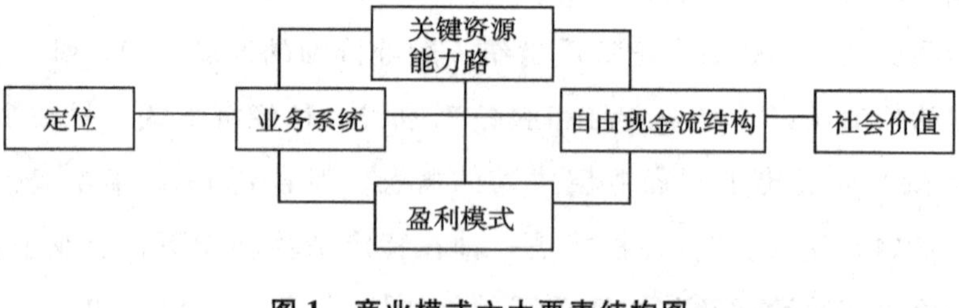

图 1　商业模式六大要素结构图

三、商业模式创新的路径

商业模式的创新，往往意味着企业改变既有的竞争规则。强势的竞争者优势来源于其拥有的资源，这种资源之所以能够充分发挥作用，是以既有的竞争规则为前提的，这种规则是大企业所提倡并竭力维护的。

而所谓商业模式创新的路径，其实就是解决或回答从哪些方面创新的问题。

罗欣怡（2018）认为在网络经济背景下，应该在了解顾客的真实需求、掌握企业真实的资源能力、为网络创新加大学习力度上进行商业模式的创新。

刘建刚（2018）等人认为在“互联网+”环境下的商业模式创新应包括：延展价值链路径、提升用户体验路径、内容引流路径、去中间环节路径、打造社群品牌路径。

潘亚丽（2018）认为商业模式创新路径可以分为几类：基于四种“流”、基于价值链、基于价值网理论、基于商业模式组成要素、基于系统视角的创新，以及以上几类的综合性创新。

从以上这些商业模式创新路径的研究中，我们可以得出：

（1）在现在这个网络流行的时代，将网络与传统结合的新型路径才是我们需要的。传统的线下交易与线上交易相结合，优化用户体验。同时，互联网可以增加粉丝效应，增强品牌宣传；可以降低运营成本，提升效率；可以亲近品牌客户，客户的想法影响品牌发展，品牌的创新刺激客户产生更多的需求。

（2）满足客户的需要是企业或商家所追求的基本，只有了解了客户需求才可以更加准确地提供受欢迎的商品，从而获得最大收益。

（3）企业所拥有的资源是其竞争优势，也是其创新路径选择的保证。只有对自己了解，才能将自身的能力发挥最大，迅速发展。

（4）学习与创新是不可分开的，只有不断地学习和交流才能获得更多有益的资源，为自身企业提供帮助。

（5）价值链的延展是商业模式创新的重要路径，可以向客户提供更多服务，实现多方共赢。

四、义乌调研企业的商业模式选择的特点

义乌最大的特色和优势就是拥有全球领先的小商品批发市场和遍布世界的商贸经销网络，以及由此带来的巨大商流、物流、资金流和信息流。小商品市场诞生的历史文化基因就是义乌人从“鸡毛换糖”这一商业传统中培育起来的创业文化和精神，它具有根植性、内生性、群众性等特点，是义乌人迫于土地贫瘠导致的生存压力而进行的原始创业活动。“敲糖帮”则是有着浓郁创业文化的义乌商人的集中体现，正是他们扛起了自主创业的大旗。20世纪90年代中期，完成资本原始积累的市场经营户积极投资办厂，在小商品生产制造领域开展了新的创业活动。在建立的制造能力与市场能力的基础上，2000年之后，“专业市场”的商贸服务业集聚融入“特色强县”为特征的区域产业，形成了“义乌小商品”这一具有浓郁地区特色的产业集聚区。国际市场是产业集聚区的主要终端市场，为此义乌形成了以面对国际市场为主、国内市场为辅的“义乌小商品市场”这一专业市场集聚区，成为了连接生产与消费、本土制造与全球市场的重要平台与桥梁。

经过调研，笔者整理发现所调查的这些企业当今商务模式的选择与创新有如下特点。

（一）产品本身的创新与独特性

义乌众多中小企业由于规模小和产品差异化程度低，大多数商品质量档次不高，不可避免地会以低价格竞争为主。义乌出口产品在国际贸易中基本处于供应链的低端，由于缺乏核心技术，拥有自主知识产权、自创品牌及高附加值的出口商品比例很低，只能靠价格竞争立足国际市场，出口经济效益与出口增长不协调。而今笔者发现，不少企业已经在开始改变这个现状了。

众所周知，浪莎是中国著名的制袜企业。通过参观企业后笔者发现，这里的袜子能驱蚊、能治病、能美容、能变色，这都是浪莎产品本身的创

新之处。正是通过这些先人一步的产品创新，才让浪莎企业在国际市场上也能够“吃得开”，比如大家穿的GAP、Adidas等著名品牌的袜子就可能是由浪莎贴牌制作的。

双童这家企业更是拥有多项吸管的发明专利，拥有多种多样创新的吸管，笔者在参观期间还参观了双童的吸管博物馆。创新吸管有纸质吸管、可降解吸管、防止回流吸管、可加入药物吸管等，刷新了笔者对吸管的认知。不久前，星巴克也宣布将在全球范围内限塑。目前，双童作为一个没有技术壁垒、无法形成大品牌也不可能产生大规模效应的细分产业，却成长为了全球第一的隐性世界冠军。

（二）转型升级，谱写新的篇章

良库文化创意园，本身的存在就是一个创新。良库文创园区的“良”字其实来源于“粮”，以前的这里其实是一个粮库，作为一个粮库的话，年收入可能就只有几十万元。然而经过这种创新的转型升级后，摇身一变成为现在的良库文创园区，它里面的一个小小的设计水杯的只有十几位员工的公司年收入就能过亿。看到这里，笔者第一个联想到的就是北京的798艺术园区。经过老师介绍，笔者了解到这种转型升级，在北京俗称“吃瓦片”，即把传统厂房进行改造，使它焕发新的生机，除我们熟知的798外，慈云寺桥的莱锦文化产业园（原京棉厂的厂房）、铜牛电影产业园（原铜牛的仓库）都经历了相同的转型创新。

（三）销售渠道的创新也是不可忽略的重要一环

互联网让世界发生了翻天覆地的变化，如何利用互联网工具转型升级也成为了传统企业思考的关键。如果说“浪莎”成为行业龙头企业是“浪莎”1.0时代，做好电商是2.0时代，实现全面互联网化则是“浪莎”3.0时代，毫无疑问，微商在其中扮演举足轻重的角色。互联网时代，传统企业仍要牢牢掌控原有市场的占有率，传统商业永远有其存在的价值，移动电商应是作为企业拓展渠道的其中一种手段，将互联网优势与自身优势充分融合是传统企业持续发展的必经之路。

（四）国际合作带领企业走向更大的舞台

宾王158面向义乌市场优势行业，提供国际设计机构（设计师）设计版权交易、品牌加盟、订单分包以及新材料新技术引进等中介服务的平台。目前，“运营服务中心”已与260余家海外设计机构（设计师）和新材料研发机构建立设计授权合作关系，直营服务机构70余家，助力义乌市场产品创新设计，推动国际先进设计产业与义乌地方产业、市场融合发展。

在品牌拓展与国际合作中，浪莎凭借现有的规模和技术实力，以国际化的战略眼光，坚持走国际化发展道路，积极推动与国际间的商务交流和战略合作。公司与日本伊藤忠、以色列特芙隆三方强强联手打造无缝内衣生产基地，并与耐克、阿迪达斯、PUMA等国际知名品牌建立了合作关系，使浪莎主动把握流行趋势，与世界潮流同步，努力打造多元化、国际化的发展格局。目前产品已经源源不断销往亚洲、美洲、欧洲、中东，获得了客户的好评。每年的出口额超过5000万美金，为浪莎进一步拓展国际市场打下了坚实的基础。

五、结　论

传统的商业模式已经不足以跟上时代的步伐，唯有创新才能产生新的商业模式。在中国的众多企业中，很多企业都选择了不同的创新方式：产品的创新、转型升级、销售渠道创新、国际合作。不同的创新方式，给不同的企业、不同的行业，都带来了或多或少的变化。但同样的是，这些创新都在带领着他们向前发展。相信在这样创新的商业模式下，中国市场会越来越丰富多彩，中国产品、中国企业也可以走向更大的舞台。

参考文献

[1] 罗倩．基于情景功能的商业模式分类与测评研究［D］．南京：东南大学，2014.

[2] 赵雅光．大数据背景下商业模式创新系统演化机理研究［D］．昆明：昆明理工大学，2016.

[3] 冯俊华．企业管理概论［EB/OL］．https：//baike. baidu. com/item/% E7% A4% BE% E4% BC% 9A% E6% 96% 87% E5% 8C% 96% E7% 8E% AF% E5% A2% 83. 2006.

[4] 张琼．华商始祖王亥［M］．郑州：河南美术出版社，2006.

[5] 汉哲管理研究院．商业模式构成六要素详解［EB/OL］．http：//www. han - consulting. com. cn/article/item - 962. html. 2018.

[6] 罗倩．电子商务企业商业模式创新路径研究：要素视角［J］．商业经济，2018（7）：74 - 75.

[7] 罗怡欣．网络经济背景下的商业模式创新路径研究［J］．中国国际财经（中英文），2018（3）：251 - 252.

[8] 刘建刚，陈昌杰，张美娟．"互联网 +"环境下的商业模式创新路径［J］．商业经济研究，2018（8）：69 - 71.

[9] 潘亚丽．互联网时代企业商业模式创新路径研究综述［J］．中国商论，2018（16）：30 - 32.

[10] 张媛卿．经济新常态下义乌新的竞争优势培育——基于商业模式创新视角［J］．中外企业家，2017（28）：8 - 10.

[11] 王婷．"浪莎"涉足移动电商推进全渠道转型升级［EB/OL］．www. langsha. com/news/lsxw/t1499. html. 2016 - 6 - 7.

海尔公司国际营销渠道问题研究

李鹏麒[1]，李剑玲[2]

（1. 北京联合大学商务学院国商1402B学生；2. 指导教师）

摘　要：随着经济全球化和世界一体化进程的发展，我国政策越来越鼓励企业争夺世界市场，然而面对陌生的市场，我国企业想通过技术领先以及产品创新，在市场中突出，赢得竞争十分困难，而营销渠道是整个产品所有者转移过程中关键的一环，对于降低企业成本、控制客源具有重要意义，对于提高企业竞争力具有重要作用。

在文章研究的过程中，作者先从海尔的经营状况出发，通过对海尔公司国际营销渠道策略的现状进行分析，结合国际营销渠道理论和海尔公司的年报，对海尔的策略现状提出问题并分析问题产生的原因。以优化海尔国际营销渠道为目的，以原有五大洲际的渠道策略为基础，提出解决上述问题的建议和意见。

关键词：中国家电企业；国际营销；营销渠道；海尔

国际营销渠道在国际经营中的地位十分重要，海尔公司在国际化进程中收获了较大的市场份额，然而过快的国际化也使海尔不可避免地产生一些问题，本文将针对海尔国际营销渠道问题展开分析，以优化海尔国际营销渠道为目的，以原有五大洲际的渠道策略为基础，提出解决上述问题的建议和意见。

1 海尔公司国际营销策略

海尔公司成立于1984年，经过数十年的发展，现如今已经成为全球第一大家电品牌，同时也是全球著名白色家电制造商、中国最具价值第四大品牌。海尔公司的经营范围主要包括在全球北美洲、南美洲、大洋洲、亚洲、欧洲、非洲共6个大洲30多个国家发展经营，是大型跨国企业集团。海尔主要的发展方式为连锁经营实体店，2012年后，随着海尔网络化战略阶段的部署，逐渐顺应互联网的时代潮流，大力发展网络销售渠道方式，使互联网交易快速发展。

本文所研究的海尔公司在国际上的营销渠道策略分为两种：一种是海尔公司进入这个国家的方式，另一种是海尔产品从企业流通到消费者手里的方式[2]。本文将以此展开研究。

2 海尔公司国际营销渠道面临的问题及原因分析

本文通过实地考察方式以及考察深度合作企业的方式获取企业一手资料，同时参考企业2013年上市后近5年的企业年报、年报披露，综合比对后发现海尔在以下3个方面的渠道策略有所欠缺。

2.1 国际营销渠道控制能力低

2.1.1 发达国家市场

在发达国家市场，海尔对于中间商的选择主要有两种：家电连锁店和百货商店。在美国市场上，海尔的渠道中百货商店占据绝大部分。目前，海尔已经进入沃尔玛等美国市场上十大百货商店渠道，已经达到同等规模的本土企业的水平。在欧洲市场上，海尔是消费者最爱买的品牌之一。在日本市场，海尔产品也已进驻十大家电零售渠道。尽管这些百货商店拥有较为成熟的国际零售渠道，可以帮助海尔迅速打入发达国家市场，但是这种方式也有一定的弊端，就是对于海尔公司的策略执行力度较弱。由于大型百货商店在全球门店众多，有属于自己的成熟渠道，因此相对地海尔的议价能力弱，进入这种大型百货商店需要花费巨额的费用，同时受制于这些大型的百货商店，有执行弱化的现象。

2.1.2 非发达国家市场

在非发达国家市场，海尔主要采用代理制及自主或合作建零售店的渠道方式。代理制指的是在国外找一个或多个代理商来销售本公司的产品。国外代理商更熟悉目标国家的市场状况，良好的销售技巧、广泛的销售网络可以帮助委托方快速打开市场。

由于非发达国家的宏观环境贸易服务设施和政策不够健全，营销渠道不够成熟，并且渠道相对零散，缺乏统一的标准和规范，贸易竞争相较于发达国家比较小，少数几家大型公司瓜分市场，跨国公司涉足少，本土产品技术相对落后，与本土的代理商合作，对于海尔迅速打入发展中国家市场也有着事半功倍的效果。但同时，代理制进入时的便捷、迅速的优点，到了中后期竞争加剧，需要比拼服务和促销的时候，作为一种较长的渠道策略，弊端凸显。首先以海尔为代表的家电企业一直以来都遵循短渠道策略，以便增强渠道管理、控制，降低成本。但是代理制增加了渠道长度，不仅瓜分利润，增加成本，还加大海尔管理、控制的难度，受制于这些代理商的传达速度、管理力度、控制能力，更难以贯彻策略。在策略传达时效性和执行的层面相较于发达国家有更大的问题。

例如，海尔商品通过代理商进入乌兹别克斯坦后，采用代理制管理营销渠道。在合作初期取得了不错的销售业绩。但是在代理制下，代理商完全负责本国的市场开拓，海尔很少参与产品的分销活动，对于市场环境、竞争对手、产品需求等重要信息难以掌控，对产品营销、渠道策略的把控较弱。同时，由于代理商掌握了大部分的渠道资源，增加了海尔对代理商的依赖性，从而使海尔受到代理商的控制和制约，影响企业中后期的发展。因此，海尔为了中后期的发展，只能将代理制作为一种过渡机制，在实行代理制的同时，企业也要主动与其他当地企业合作，用当地企业监管当地企业，尽快掌控渠道。海尔的国际营销渠道主要为6种，如图1所示。

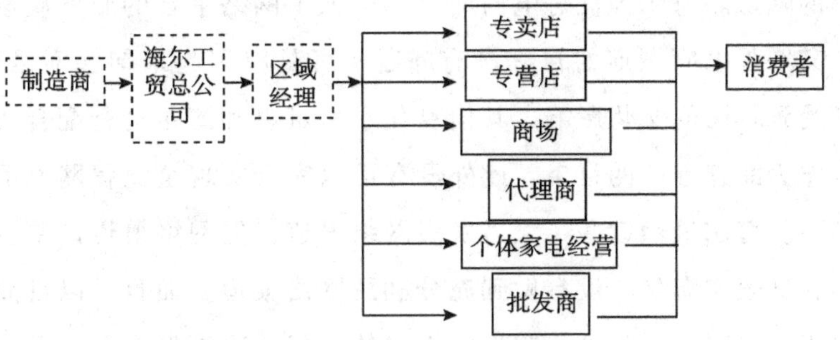

图 1　海尔国际营销渠道方式图

2.2　网络渠道可触达性较差

近些年随着互联网的发展，网购成为新潮流。它代表着直接营销、精准营销、虚拟无纸化交易、体验式营销的综合运用[3]。

网络营销有效地弥补了传统直销花费巨大和占据大量资源的不足，同时作为短渠道策略，如果运营得当，能够增强渠道的控制。主要国际营销渠道附加值和渠道控制强度的对比，如图 2 所示。

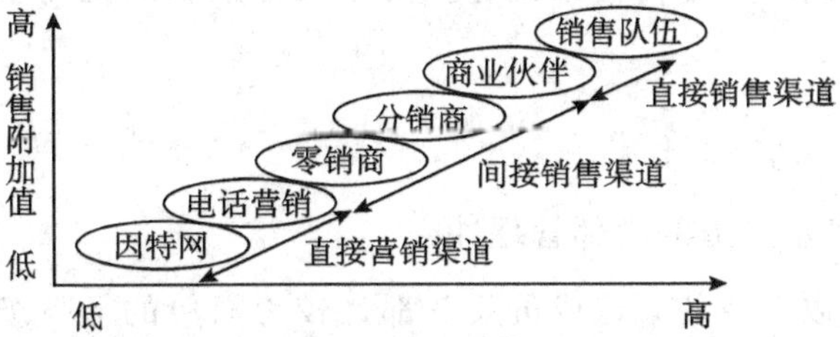

图 2　营销渠道附加值和渠道控制强度对比图

海尔利用自身的资金、客户优势，建立自有官方网络平台，使用先进的 ERP 系统，试图转变营销渠道发展方向，提高竞争力。同时，在国际各大市场与当地大型购物平台、机构的网络平台合作，做到发展自己的网络同时利用当地网站扩展分销范围。

（1）尽管海尔做了很多努力，但是网络渠道仍没有充分利用。

海尔在“互联网 +”的浪潮下，飞快地进行信息化，但是外部与国外供应商、分销商的信息化，却一直进展缓慢，海尔仍然难以实现理论上分销成本的降低。海尔为促进电商变革，增强了网络平台的服务质量和运营效率，其增强电商渠道的目标没有问题，可是应用起来却远不尽如人意，经销商受到本国的文化影响，其信息化水平难以和海尔进行配合协调。只有少量作为品牌推广的订单，此外没有可以完全实现全流程网上下达订单的经销商。海尔虽然近些年大力发展网络渠道，但网络渠道订单所占比例仍不高，这表明海尔仍没有做到充分利用网络渠道。而且，以目前的网络渠道应用效果看，仍是半传统半网络式的，新的网络渠道仍然无法摆脱传统电话、传真渠道的配合。

（2）尽管海尔选择优势众多的网络渠道，但是对于家电企业来说，网络渠道客户信息可触达性差是急需解决的问题。

互联网购物信息虚拟的属性，让客户在购物时具有信息障碍，既无法真实触摸到产品，也不能当场测试产品性能[1]。缺乏信息或者信息的不对等往往导致用户的服务体验，影响客户忠诚度，这同样是线上渠道一个严重的缺点。伴随人们购物观念的转变，快速融合线上线下渠道成为最重要的目标之一。其中，如何增强顾客在网络渠道购物时的可触达性，是海尔面临的困境之一。

2.3 渠道管理冲突

2.3.1 海尔渠道的内部管理冲突

由于大多数企业的渠道成员关系都是较为简单的上下级或者业务客户关系，这种利益关系缺乏情感纽带，相互之间以利益最大化为目标，这就容易短视或容易造成渠道成员的冲突，而导致无法营造良好的企业服务文化，从而影响客户忠诚度。因此，海尔为解决这个问题尝试确立伙伴型渠道成员关系。伙伴型的渠道关系是以顾客为最终导向，核心就是处理客户与渠道成员、企业与渠道成员之间的关系，相互之间可以做到信息共通，风险分摊，从而建立长期有效的、相互信任互惠互利的伙伴型关系[4]。这种伙伴型关系理想上可以利用组织良好的渠道关系，不仅给消费者提供差异性的产品和良好增值服务，还能降低中间商的成本，给消费者提供低成本的产品。把有限的资源进行最大可能的配置，达到提高整个渠道的经营利润率的目的。但是前提是相应的配件要齐全才能支持伙伴型渠道关系的运行，例如企业文化、价值观、产品文化、激励机制、有效的渠道管理等。目前国际市场上，海尔的伙伴型渠道关系很多停留在文化、价值观及制度的建立上，在更多国家和地区，海尔缺乏渠道管理能力，还不能达到共享的伙伴关系。

2.3.2 海尔渠道的外部管理冲突

全球市场竞争愈演愈烈，某一公司的资源和能力有其局限性。选择加入战略联盟是当下处理外部管理冲突的好方法[5]。战略联盟可以促进合作，整合资源，从而提高利润。怎样去促进战略联盟的组建，减小同行之间的利益冲突是海尔的渠道策略之一。

例如多数成熟的家电企业拥有30多个战略联盟，而其中全球最大五百家公司更是拥有60多个战略联盟。海尔虽然是国内家电业参与规则完善的第一人，但在国际市场上参与行业规则的制定以及参加行业联盟还较少，与国际上知名大企业相差较大，国际规范参与制定较少所带来的缺少话语权的问题导致在海尔面临市场上联盟与联盟间、联盟内企业与企业间如何分配利益、范围，减少冲突，促进合作共赢等问题时，缺少优势，从而错失机会与资源。

而战略联盟、行业规范等代表的话语权在公共关系和公共形象建设方面的成就，对今天的家电产业来说，有着很高的参考价值。家电行业虽然经常出现在媒体的眼中，但是这样的宣传往往基本上停留在遇到重要事件时的一次集中发布，都是被动发生的，而且媒体往往会根据自己的定位和自己的受众群阅读习惯来解读。参与战略联盟的建立、行业规范的完善可以增加海尔在行业内的话语权，可以对家电行业的发展起到正面的推动作用，能够促进在政府立项、业务拓展、公共形象建设及文化影响与价值观影响等方面的发展。

3 海尔公司国际营销渠道管理对策

针对以上3个问题，以下提出了3条海尔公司国际营销渠道管理对策。

3.1 完善渠道网络

海尔公司国际渠道拓展主要是在 KKR 投资企业的协助下，通过重组日本三洋白电业务、GE 家电业务，受托管理新西兰 Fisher&Paykel 业务，持股墨西哥 MABE、日本三菱等进入当地市场。

而对于海尔进入各市场的渠道来说，目前有四种方式：全资并购、部分控股、合作管理（受托管理）、代理经营[8]。海尔进入各大洲的渠道方式，如图 3 所示。

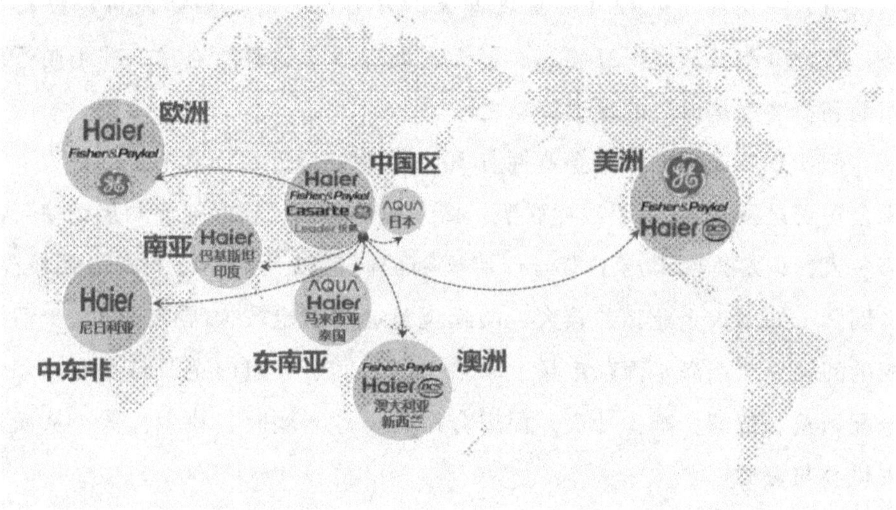

图 3　2018 年海尔国际市场的品牌战略分布

3.1.1 发达国家市场

在发达国家市场，经济水平较为发达，技术设备良好，投资环境成熟，市场容量较大，可以选择性采用直接投资或合作管理方式加强渠道控制。

全资并购、部分控股属于直接投资，特点是自主能力强，但是耗资高，对于进入成熟市场起到至关重要的作用，进入发达国家市场或者建议在我方技术不如被投资企业时，可以采用这种方式。

合作管理（受托管理）属于合作关系，一种是相互共享资源，合作管理对于海尔来说是强强合作，双向利用资源，建议对于经营较为成熟、范围较广的国际电器大品牌，采取这种方式。

海尔通过直接投资发达国家市场，可以获得先进的技术和经验，获得优良的区位优势和比较利益，因而海尔战略投资的方向就是以欧美等发达国家为主。这种直接投资的方式虽然花费巨大，但是可以最大程度地保障海尔的管理，保证策略的执行力度，结合大型百货商店零售渠道，可以增强海尔对渠道的控制。

例如海尔在美洲，不仅在短期内利用GEA打通美国前十大主流连锁销售渠道，通过GEA进入美国市场的主流百货商场，还应在中长期规划中增强企业对渠道的管控，例如在整合FPA、GEA、MABE等资源的基础上，推进渠道与供应链布局，增加专卖店、连锁店以及网络站点的布局，实现换道超车；在大洋洲通过全资收购新西兰国宝级电器品牌FPA公司进入澳洲市场并扩大市场份额的同时，也应该与当地大型零售企业合作，开拓市场。在欧洲不仅与欧洲领先德国高端厨具厨电企业福腾宝合作，还借助KKR投资团队寻找合适的直接投资目标，从而增强渠道管理，稳固市场地位；在拉丁美洲市场，不仅通过MABE，进入智利市场最大的零售渠道Falabella，还应该借助海尔参股公司MABE，进一步促进拉丁美洲市场的销售布局，继续优化公司全球战略布局，从而争夺全球家电行业龙头企业的地位。

3.1.2　在非发达国家市场

代理经营是出资请代理商代理经营，特点是自主能力在四种方式中最小，耗资也相对较高，但是优点是对于快速进入市场起到至关重要的作用。对于海尔来说渠道控制更弱，渠道管理差，建议在进入发展中国家、欠发达国家或者民族、宗教等文化壁垒较高的国家、地区时采用这种方式，这种代理商能够帮助企业迅速打开市场。

在非洲、亚洲地区，经济发展水平较低，技术相对落后，且中国与非发达部分国家的高层保持有力的互通趋势，在政治合作的促进下，经贸合作不断发展，鼓励吸引外资制定相关的优惠政策相继出台，因此投资环境较优越，同时人口数量众多，产生大量的需求，市场潜在容量大，但是市场开发不完全，因此潜力巨大。借助代理商进入非发达国家，因而有利于海尔公司通过发挥技术、输出服务等占领市场。但是代理制增加了渠道长度，加大海尔管理、控制的难度的缺点，逐渐在发展中后期凸显成为阻碍海尔的主要问题，这就需要海尔通过自建、并购企业等方式逐渐提高海尔对渠道的管控。

例如，在非洲等地区，海尔采取代理制进入非洲市场，但同时在中长期考虑收购当地发展较好的企业，由代理制过渡到自主经营，增强渠道控制能力；在亚洲部分地区，海尔通过采用代理制进入乌兹别克斯坦、沙特等国家，过渡到以品牌专卖店为主要渠道；在南亚及东南亚市场，在仅有的大客户渠道策略的基础上，通过大客户渠道业务打入相关市场及零售市场是必不可少的。

3.2 增强网络渠道的可触达性

3.2.1 海尔应增强网络渠道的利用

对于海尔来说，想要改变半传统半网络式的现状，增强渠道商信息的可触达性，首先应该充分认识到网络已经成为发达国家消费者的一种生活习惯，海尔应该着重从网络渠道较为完善的发达国家和网购发展较快的发展中国家入手，借助其外部基础设施和发展势头，建立符合当地使用习惯的官方网站或旗舰店，与当地龙头网络渠道平台企业合作经营，在当地论坛、综合行业网站加入能链接到海尔网络商城入口和体验推荐的网址，多途径促进网络销售动态发展。

另外，海尔决策者应当转换思维，不应当把网络渠道当作次要渠道缓慢发展，而是把网络渠道作为第一渠道来建设和完善，因为互联网带来的信息化改变很快能够使一个三流企业走向成功，但也能使一个世界一流企业走向衰亡，因此海尔应该紧跟潮流，顺应大势，未来它将带来远高于传统渠道的经营效果。同时学习 GE 等家电企业的网络渠道建设方式，不断优化创新，最终建成成熟的网络渠道。

3.2.2 海尔应增强产品购买的可触达性

海尔可以利用技术创新，采用 VR、AR 虚拟现实交互技术，给使用网络渠道的顾客更加逼真的体验，例如，增加 AR 虚拟现实全息展示，用户可在APP、PC端口看到剖析的产品结构、零部件等，能够使顾客清楚地看到产品的全部组装过程，以及各类功能和使用效果，使顾客对于产品质量、功能、效果的感官体验更强。另外利用VR虚拟现实技术，为客户提供产品摆放效果图，帮助顾客挑选更匹配装修风格的产品，以及帮助顾客挑选尺寸合适的产品。借助用户社群交互定制体验平台，即众创汇，从顾客提出个性需求到海尔按需制造，让顾客能看到在生产的每一过程，让顾客能和海尔的工厂产生互动。在这个定制的过程中，软件展示设计成品的形态、性能，使顾客有一种独一无二的特制感受，增强顾客对于产品的可触达性。

另外，海尔公司旗下拥有大量自建平台或合作平台，包括了海尔优家网、海尔网上商城、海尔用户社区、卡萨帝官网、海极网等资源维护，海尔通过强化运营网络平台，能够达到提高运营效率的效果。在海尔各品牌交流社区、电器交流论坛、第三方互动媒体中，增加视频展示互动等交互方式，为想自主设计体验新式玩法的顾客提供灵感，增加用户参与感、互动感。网络渠道增加老用户定期体验板块，以优惠等形式鼓励老用户定期反馈产品状态，例如半年、1年、3年等，增强网络用户对产品质量的信心。网络渠道增加晒产品使用板块，用户购买后可以将自己维护产品的心得和美观整洁的内部摆放照片、视频发送到该板块上来，参与用户可获得优惠奖励，新用户会增加生活化联想，增加网络渠道用户触达[6]。

3.3 加强渠道管理、促进行业发展

3.3.1 应增强渠道成员管理

在进行国际营销渠道网络布局时海尔要坚持构建市场内各区域均衡，采用多种渠道达到渠道间相互牵制相互弥补的原则，并且在渠道构建中避免出现单一渠道占比过大的情况，以免海尔公司的发展被制约，因此渠道风险控制需要海尔采取多渠道发展策略，以达到增强渠道掌控的目的。在和渠道成员协作过程中，也应配备合理的渠道管理制度，为了管控渠道成员的日常经营行为，达到维持渠道稳定的目的[7]，有以下建议。

（1）制定合理的价格体系

海尔公司在产品定价阶段，需要在成本和售价间预留每一层级的利润空间，并且严格执行利润制度，防止经销商为谋求利益产生窜货行为。海尔公司按渠道方式将中间商划分为不同等级，不同等级、规模分别对应不同价格，保障每个层级的经销商获得不小于行业水平的利润，严格执行。

（2）设立专门部门处理与分销商关系

海尔应该重视公司与渠道商之间的关系，作为产品流通的重要环节，必不可少的是设立专门处理渠道商的关系的部门，负责与其沟通日常的工作，并为不同层级的经销商规划不同的发展路线，并提供产品培训和帮助经销商提高服务质量的讲座，达到提高海尔品牌经营能力的目的。这样加强了经销商之间、经销商和海尔之间的关系，也可以对渠道冲突有一定程度上的缓解。

（3）形成配套的渠道终端人员管理制度

增强渠道终端销售人员的服务质量，在选拔和招聘销售人员时执行严格的人员考核制度，科学全面地对销售人员的综合能力进行评价，一旦录用就注意对销售人员的培养、培训。不仅要强化他们的业务能力，还要培养员工的忠诚度、归属感，同时还要优化考核制度，形成一系列配套选拔、培养措施和制度。

（4）加强对销售人员的绩效考评

海尔应建立完备的绩效考核体系，其中要包括工作态度和工作能力等软能力的考核评价。从多个财务数据，例如周转率、费用率及多个销售数据，例如销售管理指标完成率、新客户增长率、客户关系管理、市场调研等多方面考察。

3.3.2　促进行业规范建立

战略联盟、行业规范等代表的话语权对家电行业的公共关系和公共形象建设起到正面的推动作用，能够促进在政府立项、业务拓展、公共形象建设及文化影响与价值观影响等方面的发展[9]。因此，应加强海尔与海外行业协会的沟通交流，了解协会最新动向，加强家电协会国际交流合作，推动技术、渠道创新。同时推动家电类联盟的形成，参与制作行业规范，以海尔品牌影响国际行业准则，增强海尔在国际电器行业内话语权，抢占技术专利先机，掌控国际前沿技术。

虽然随着互联网发展，贸易壁垒逐渐降低，但是通过标准和知识产权形成的国与国之间的隐性壁垒，从来没有消失过，而且这种壁垒最难根除。而参与国际行业标准制定，也助力打破技术贸易壁垒、增强海尔在全球技术的话语权；同时为海尔品牌的知名度和声誉实现推广，也为中国其他行业的企业做了示范，这是解决通过标准和知识产权形成的国与国之间的隐性壁垒最好的方式之一。

参考文献

[1] 高凤荣. 网络营销渠道与传统营销渠道整合策略 [J]. 现代商业，2017 (1)：52 – 53.

[2] 刘妙玲. 国际营销渠道的变革：演进、动力与发展 [J]. 现代营销（下旬刊），2017 (4)：68 – 70.

[3] 李燕. 国际营销渠道在“互联网 + 电商”模式下的变迁与整合 [J]. 商业经济研究，2016 (15)：88 – 90.

[4] 利炜. 新营销环境下企业营销渠道的变革与创新 [J]. 现代营销(下旬刊). 2016 (6)：62.

[5] 鲁平俊，唐小飞. 深入理解营销渠道研究的过去和未来 [J]. 科研管理. 2015 (1)：159 – 166.

[6] 彭维佳. 国际市场中的渠道管理创新及误区分析 [J]. 留学生，2015 (6)：70.

[7] 张家宝. 营销渠道管理九略 [J]. 北方经贸，2015 (12)：40 – 41.

[8] 李飞. 全渠道营销：一种新战略 [J]. 清华管理评论，2015 (Z1)：32 – 39.

[9] Jessica J. Hoppner, David A. Griffith. Looking Back to Move Forward: A Review of the Evolution of Research in Internatioal Marketing Channels [J]. Journal of Retailing, 2015 (4):610 – 626.

活动平台企业商业模式创新研究

——以百格活动为例

李莹莹[1]　赵　进[2]

（1. 北京联合大学商务学院国商1402B学生；2. 指导教师）

摘　要：互联网及其新技术应用的普及与发展为活动平台企业的爆发式增长奠定了基础。如何在互联网+大背景下，利用互联网平台带来的便利进行商业模式创新，使企业利润效率最大化，成为现阶段活动产业发展至关重要的问题。本文在商业模式要素分析及商业模式创新理论研究的基础上，对百格活动企业商业模式现况进行全方位、多角度分析，针对商业模式存在的问题，探究现阶段适合该企业的商业模式并提出解决方案。本文认为百格活动商业模式创新就是在原有商业模式的基础上，为更多的国内外活动发起者与活动参与者提供一个可以沟通反馈的全功能、国际化、具有安全保障的一站式活动平台，并通过引入第三方等来促进企业长期的发展与平衡。

关键词：活动平台；商业模式创新；百格活动

一、引　言

百格活动企业是一款集活动创建、网上售票、专业活动管理等服务以及会后统计于一体的全功能一站式的国际化活动平台企业，2015年至今，百格活动交易规模呈现出逐年增长态势，2017年交易金额达67万元，环比增长速度达到78.3%。在这一系列惊人成绩背后，百格活动同样也暴露出了很多问题，例如成立时间较短、经验不足、市场份额有限、数据量较少等，具有一定的滞后性和不可控性，造成公司人力、物力和财力的损失，影响公司的长期发展和平衡。因此，如何利用互联网平台带来的便利进行商业模式的创新，使其利润效率最大化也成为现阶段至关重要的问题。

在此背景下，本文在商业模式要素分析及商业模式创新理论研究的基础上，对百格活动商业模式现况进行全方位、多角度分析，针对商业模式存在的问题，探究现阶段适合该企业的商业模式并提出解决方案，为今后百格活动企业的发展指引方向，为现阶段我国活动平台企业的商业模式提供一定的参考意义。

二、核心概念

（一）活动产业定义及结构

活动产业是指围绕着特殊活动展开的，由利益相互联系的、具有不同分工的、由各个与特殊活动相关行业所组成的业态总称，活动产业涵盖商业和公司活动、慈善及筹款活动、展会、娱乐和休闲活动。活动产业结构由三个主要部分组成：活动消费者、活动产品、中介。

（二）商业模式定义

从狭义的角度来看，商业模式是指企业的盈利模式，强调企业获取利润的逻辑。商业模式就是通过明确企业在价值链中的定位来讲清楚某个企业是如何赚钱的并能够提出完整的关于如何获取并保持其收益的逻辑陈述。广义角度上，商业模式不仅涉及盈利模式，还涉及整个公司的发展逻辑及其实施问题。商业模式是反映企业商业活动的价值创造、价值提供和价值分配的框架，用来说明企业如何通过创造顾客价值、建立内部结构，以及伙伴形成网络关系来拓宽市场、创造关系资本、创造利润、保持现金流。

三、活动平台企业的商业模式与关键要素

冯华认为，创新商业模式就是从这四个方面解决以下问题：产品模式如何进行变革、企业顾客如何分类、推广模式如何调整、利润实现方式如何变革（见图1）。

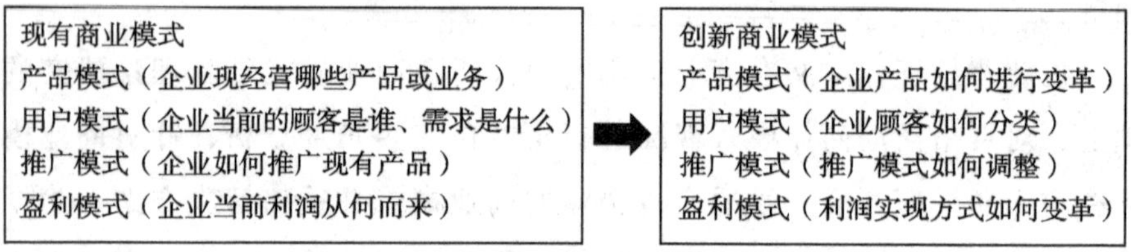

图1

四、百格活动创新商业模式设计

百格活动的现有商业模式是将该企业打造成为中国互联网市场中最专业的活动领域平台，服务价值是为用户提供人性化、高效率、个性化、全功能于一体的成功活动平台，帮助用户更好地发起、参与、管理活动，采用 Outbound、Coupon、Bounty 这3种推广方式进行宣传，从而增加站内流量与用户转化率。百格活动现有盈利模式主要以站内盈利为主，利润源为站内消费者，利润点包括收取活动手续费、会员费、签到服务费等，暂无广告费与第三方通道等收入（见图2）。

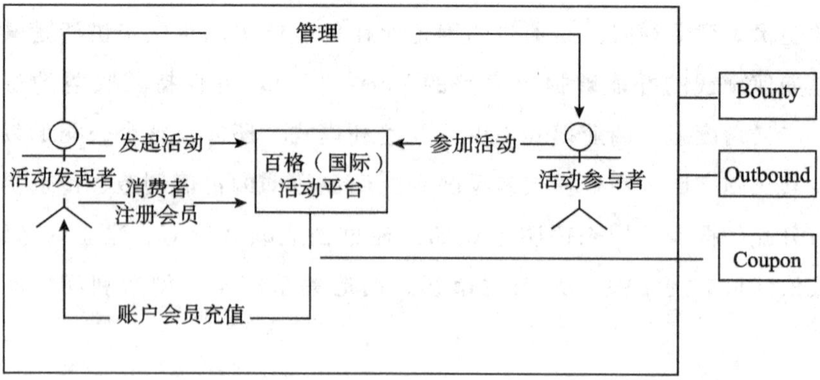

图2

该商业模式存在功能个性化差异小、用户交互性体验差、产品结构混乱、功能较难满足用户需求的问题，并且推广模式单一，缺少点对点推广，较为依赖合作伙伴的流量数据，成本高效果差，性价比低，成本较高，对于新用户效果不大，引流站外用户能力较弱。盈利模式虽然将站内现有资源充分利用，提高了组织管理效率，但是长期依赖于黏性用户的消费，会导致盈利风险的提高，无法体现客户价值最大化，最终无法达到长期盈利的战略目标，并且由于活动管理费用较高（活动管理费包括场地的租赁费、管理人员的人工费、中介费等），导致百格活动的收费标准较高，使得站内付费用户大量流失，损失了平台目标消费者，盈利额减少。

针对以上百格活动商业模式存在的问题，本文将对百格活动从产品模式、用户模式、推广模式、盈利模式这四大要素出发，对百格活动商业模式进行创新，结论如图 3 所示。

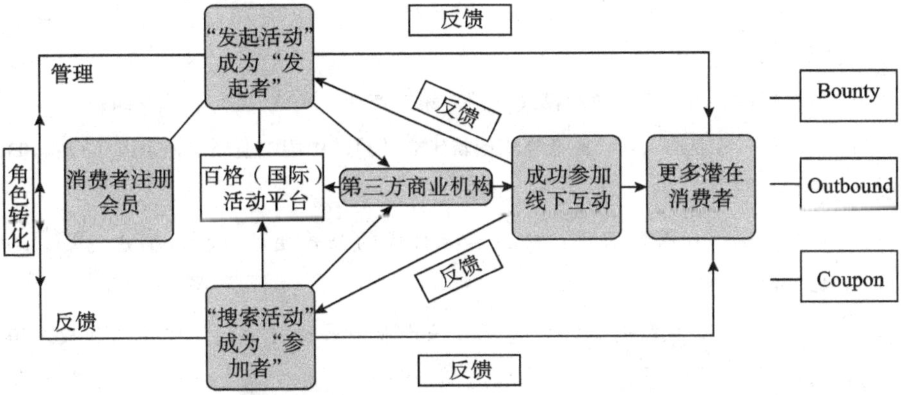

图 3

产品模式创新：为了更好地满足消费需求，创造新的服务价值，百格活动需对产品模式进行创新。主要内容包括扩充活动内容、上线搜索功能云服务、票务销售功能差异化处理、功能结构创新、功能拓展。

用户模式创新：为了使用户与内外部进行更好的沟通交流、增强交互性体验，百格活动中心应对于其用户模式进行创新。内容包括特殊用户群体精准化服务；全面应用用户反馈机制，促进用户与用户间、用户与站内、用户与站外的沟通交流；升级平台现有交互模式，为用户提供便捷高效的使用体验。

推广模式创新：该平台可与第三方进行互助推广，“发起者”设置个性化页面来增加平台曝光度。此平台商业黏性极高，由于企业活动的多元性，平台可以和以下相关企业合作推广，在对方平台上互相植入推广信息。例如“发起者”发起观看电影或演唱会活动，可在相关页面植入“团购票”第三方企业信息，并为此次活动提供“团体票”的购买链接。简而言之，第三方商家可植入“发起活动”“参加活动”“寻找有缘人”等相关活动进行互助推广，从而增加站内曝光率与注册率。

盈利模式创新：为了企业的长期发展，可通过广告收入、加盟费收入、资金沉淀收益、第四方收入来改变单一的站内收费盈利模式，从而减少会员费等费用金额，刺激消费者购买；建立相应的利润保障屏障，保持自我增长率与销售增长率的提升。

参考文献

[1] 李帜杨．活动产业盈利模式［J］．第三产业，2017（23）：21－24.

[2] 冯华，陈亚琦．平台商业模式创新研究［J］．中国工业经济，2016（3）：103－105.

[3] 张兴安．互联网思维：科技革命时代的范式变革［J］．福建论坛，2014（10）：42－48.

[4] 黄德俊．“互联网＋”环境下音乐产业模式研究［J］．传播与版权，2017（11）：120－122.

[5] Michael Berry. Speaking in Images：Interviews with Contemporary Chinese Filmmakers［M］. New York：Columbia University Press，2015.

[6] Chris Berry. Chinese Film in Focus：New Takes. Berkeley［M］. University of California Press，2015.

“一带一路”倡议背景下中国光大银行国际化发展研究

程乐[1]，刘洁[2]

（1. 北京联合大学商务学院国商1401B学生；2. 指导教师）

摘　要：“一带一路”倡议提出以来，我国企业“走出去”的数量和质量不断提升。随着“一带一路”沿线国家和地区基础设施建设不断推进，对大额、稳定、长期和低成本的资金需要不断增加。当前，大型商业银行在服务“一带一路”建设和我国企业“走出去”的过程中，积极推进全球网络布局和渠道建设，在“一带一路”沿线国家或地区增设了大量分支机构。中国光大银行作为国内有影响力的大型商业银行，需要抓住“一带一路”重要倡议机遇更好地“走出去”，提高自身国际化发展水平，更好地服务实体经济。文章基于国际化发展的相关理论，分析了“一带一路”倡议背景下中国光大银行国际化发展的宏观环境和内部能力，总结出“一带一路”倡议背景下中国光大银行国际化发展过程中存在发展速度缓慢、经验不足、缺乏复合型国际人才、产品创新不足、风险评估机制不完善等问题，并且针对这些问题提出了学习借鉴其他银行，制定适宜的战略、完善引进复合型人才机制、加强创新、增强核心竞争力、完善风险评估和管理机制等相关建议对策。

关键词：“一带一路”；中国光大银行；国际化发展

1　研究意义及文献综述

1.1　研究意义

2013 年 9 月与 10 月，习近平总书记分别提出了建设“丝绸之路经济带”和“21 世纪海上丝绸之路”的重大倡议。“一带一路”倡议的实施，在交通、通信、能源等行业产生了巨大的投融资需求。随着“一带一路”倡议的不断推进，“走出去”的企业不断增多，对金融行业的资金规模和金融服务的需求也随之增强，企业“走出去”需要金融机构的支持。这些都为我国商业银行国际化发展带来了大量的金融需求，“一带一路”倡议的实施带动我国商业银行走出国门，商业银行可以借助“一带一路”的顺风车实现国际化发展。通过对中国光大银行国际化发展的外部环境和内部能力的分析，总结出现阶段中国光大银行在“一带一路”倡议背景下走国际化发展道路面临的机遇和存在的问题，分析出应对这些问题的建议措施，为提高中国光大银行的国际竞争力贡献一份力量。

1.2　文献综述

当前国内外文献对商业银行国际化发展研究主要表现在以下几个方面。

（1）商业银行国际化发展面临的机遇。程漫江（2015）提到“一带一路”沿线的有些国家是发展中国家，经济上升空间大，基础设施相对比较薄弱一些。通信业、能源行业、交通运输行业等几个方面出现了融资的热潮。潘玲（2017）提到过“一带一路”倡议提出以来推动商业银行“走出去”，很多商业银行都选择在发达国家设立分支机构，发展中国家的商业银行分支机构较少，沿线发展中国家的金融需求不能被充分满足。

（2）在商业银行国际化发展面临的问题上。崔晓美、张滨颖（2017）提出商业银行发展国际化所面临的问题：缺乏金融创新、监管制度还不完善。穆潇夏（2016）提到在“一带一路”沿线国家有些地区政治不稳定，存在武装摩擦，并且金融类的法律不健全。

（3）银行国际化发展的策略。弗雷德（2011）提到商业银行可以增加分行机构的网点，加大覆盖网络。加强金融产品的创新，因地制宜，推出符合当地特色的金融产品。詹姆斯（2013）提到银行走国际化发展道路，品牌的影响力对于银行来说是很重要的，银行"走出去"要扩大自身品牌的影响力。

2 "一带一路"倡议背景下中国光大银行国际化发展的环境分析

2.1 "一带一路"倡议背景下中国光大银行国际化发展的外部环境分析

2.1.1 政治环境

"一带一路"倡议提出以后，很多国家纷纷积极响应。"一带一路"倡议由愿景到现实，从理念到行动，由点到面的整个过程，取得了可观的成果。习近平总书记多次出国进行友好洽谈访问。合作共赢、共谋发展的理念，使越来越多的国家和中国达成了共识，产生了强大的凝聚力，中国领导人与"一带一路"沿线国家元首、首脑会面并进行深刻谈话已高达40多次。在高峰论坛期间，中国领导人与相关国家领导人进行谈话，成功签署了270多项经贸合作文件。并且为了支持"一带一路"倡议的实施，国家制定了相关的支持政策和标准。国家政策和相关规则共同推进，为中国光大银行在"一带一路"倡议背景下国际化发展提供了重要保障，中国光大银行可以凭借"一带一路"的利好政策，实行"走出去"倡议，加快国际化发展的步伐。

2.1.2 经济环境

"一带一路"倡议实施以来，各个领域都取得了显著的成绩。在铁路上，中欧班列开行近7000列；金融服务业逐步增强，亚投行成员增加到了84个，其中"一带一路"沿线国家占了24个，丝绸基金签约了17个项目，承诺投资70亿美元。中国与沿线国家的贸易往来逐渐增多，金融需求量也随之增加，为世界各国的金融机构以及银行业带来了很多机会，现在有很多商业银行正在通过一些合法的市场手段，在项目融资、贸易融资等领域与各个项目开展了大量合作，这些都为中国光大银行带来了大量的融资需求。从图2－1来看，中国持续8年国内生产总值连续上涨，加上近些年来，人民币国际化发展的步伐加快，人民币在全世界使用范围不断扩大，促进了金融市场跨境互联互通。这些都为中国光大银行走出国门奠定了雄厚的基础。

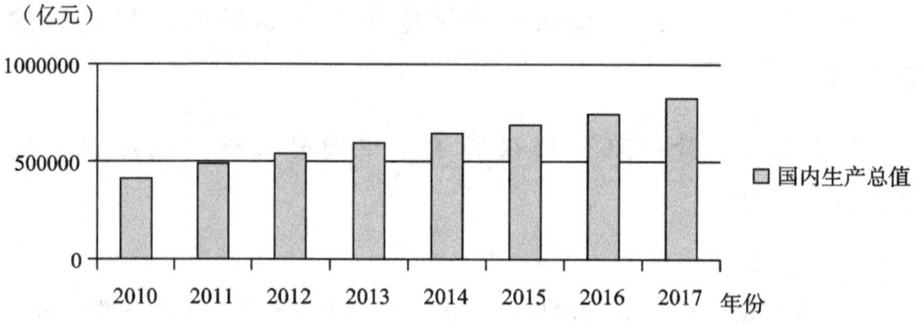

图2－1　2010—2017年国内生产总值

数据来源：中国“一带一路”网。

2.1.3　社会环境

“一带一路”倡议提出以来，得到世界各国的广泛关注，“一带一路”话题热度不断上升。关于“一带一路”的相关文章，发行量达到399万篇，国外媒体和网民对“一带一路”的关注度逐渐上升。根据图2－2所示，国外媒体和网民对“一带一路”都持支持态度，世界各国人民对“一带一路”的认可度逐年上升。

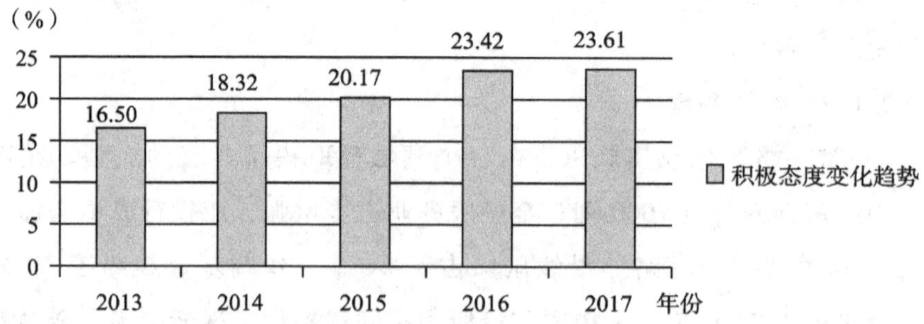

图2－2　国外媒体与网民对“一带一路”积极态度变化趋势

数据来源：中国“一带一路”官网数据。

"一带一路"沿线的各个国家政治制度、文化、风俗习惯有很大的差异，但是在这样的情况下，"一带一路"民心相通取得了很好的发展。"一带一路"沿线国家民众积极学习汉语，例如哈萨克斯坦国立欧亚大学举行了《汉哈大辞典》首发仪式，它的问世说明了中哈友好文化的交流，代表着哈萨克斯坦对中国文化的认可。外国人通过用纪录片的方式来向世界展示中国，例如由韩国拍摄的《超级中国》，英国拍摄的《中国新年》等。取得的这些成果都能证明国外对中国文化的认可，说明中国在世界舞台上扮演着重要的角色，对世界的发展产生了深刻的影响。这些成果的取得都有助于加快中国光大银行"走出去"的步伐。

2.1.4 技术环境

在金融业发展的过程中，发达的信息技术对于金融业的发展也尤为重要。很多金融产品的产生都是以技术发展为基础的，技术的变革和创新促进了金融产品的更新换代。目前中国光大银行拥有独立的信息运行系统，在银行内部的服务器上面进行客户数据分析、业务流程提交和办理，相比较互联网金融而言，银行独立的服务器模式下面客户信息安全系数会更高，暂时未出现系统漏洞导致的不安全事件的发生，客户信息及资料的泄露风险系数也很低。

2.2 "一带一路"倡议背景下中国光大银行国际化发展的内部能力分析

中国光大银行成立于1992年8月，是经国务院批复并经中国人民银行批准设立的全国性股份制商业银行，总部设在北京。中国光大银行加快国际化布局，香港分行、首尔分行、光银国际、光银欧洲、卢森堡分行相继开业运营，悉尼分行正在申请设立。多年来，伴随中国经济和金融业的发展进程，中国光大银行品牌形象和市场价值不断提升，在为广大客户和社会公众提供优质金融服务的同时，实现了良好的经营业绩，已成为一家运作规范、颇具影响力的上市银行。下面提供的是近几年中国光大银行及净资产收益率、资产负债率，通过分析这些数据可以更好地了解中国光大银行。

根据图2-3和图2-4可以看出，光大银行2012—2017年的净资产收益率呈下降趋势，每年的下降幅度大致相同。在图 2 -4 的资产负债率图中可以看出来资产负债率每年变化比较大，每年会有不同的波动，可以看出光大银行负债方相对于之前对流动资产的要求下降了。从净资产收益率可以看出，中国光大银行在国内投资带来的收益在逐年下降，所以中国光大银行应该走出国门，根据情况在海外进行投资，增加自身的投资收益。

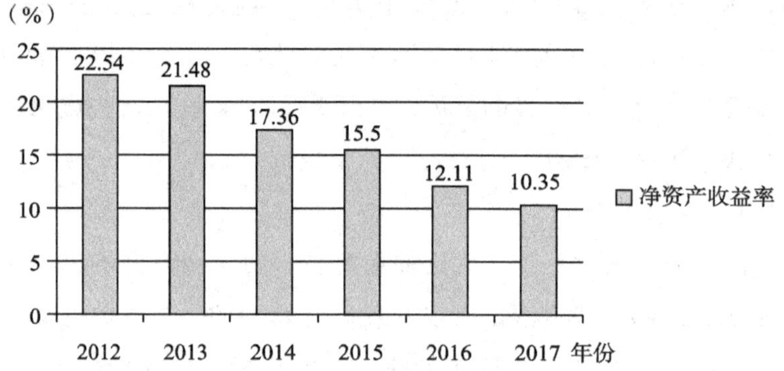

图 2 -3　净资产收益率

数据来源：根据光大银行 2012—2017 年度财务报告数据整理收集。

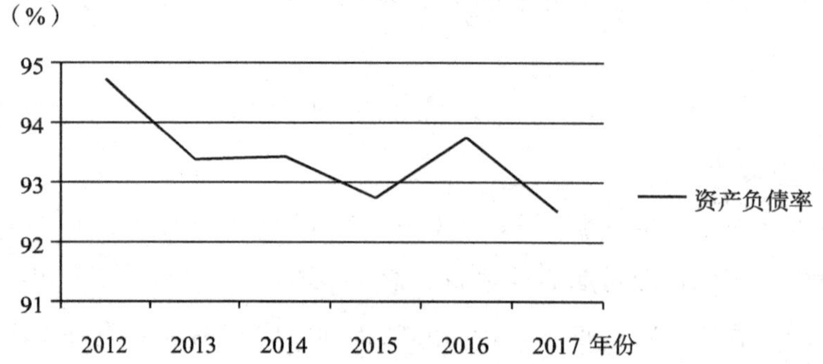

图 2 -4　资产负债率

数据来源：根据光大银行 2012—2017 年度财务报告数据整理收集。

2.2.1　公司治理状况

中国光大银行的前身为紫光实业公司，1983 年在香港成立，定位是以金融业为核心。金融危机的爆发，使得中国光大银行也受到了影响。党中央、国务院 2003 年决定对光大银行进行重组，经历了 3 年的时间，这次重组的重点就是帮助光大银行回到正常经营的状态，帮助它化解债务危机，所以提出了实业和金融业分离，由于中国光大银行2007年的净资产是-37.98亿元，在2012年进行了二次重组，终于在2014年中国光大银行重组成功。经过几次改革重组之后中国光大银行不断提升公司的治理能力，努力把自己打造成在金融行业内独具特色一流的金融企业。现在中国光大银行已经是一家在国内有一定影响力的银行。

2.2.2　公司经营情况

中国光大银行经过改革重组之后，经过这些年的发展已经成为了一家实力雄厚、综合性很强的金融服务银行。中国光大银行进一步扩大它的服务范围，从刚开始的存贷款业务发展到同业业务、托管业务、投行业务等新型业务。中国光大银行在中国多个地区省份设立自己的分行，同时加快“走出去”的步伐，在海外设立分支机构，例如首尔分行、卢森堡分行等。相关数据显示，中国光大银行2015年底的电子支付手续费收入超过了一亿元，手机银行客户使用量也在逐年增长，超过1500万户，微信公众号的关注者也超过了300万户。中国光大银行的“云缴费”和“云支付”已成为银行的品牌亮点和增长点。

2.2.3　人力资源状况

中国光大银行在职员工38000多人，与其他传统金融机构相比，人均业务量和人均利润处于中等偏上水平，还未晋升到前列；尤其在开展与互联网金融的探索与实践举措以来，网络环境下，与其自身盈利水平、经营规模相比，复合型人才所占比例不合理，普通业务人员相对繁冗。从图2-5所示的员工职称的调查结果可以看出，中国光大银行没有职称或者职业资格的员工占比为60%，有初级职称或者职业资格的员工占比是25%，持有中高级职称或者职业资格的员工仅占15%。

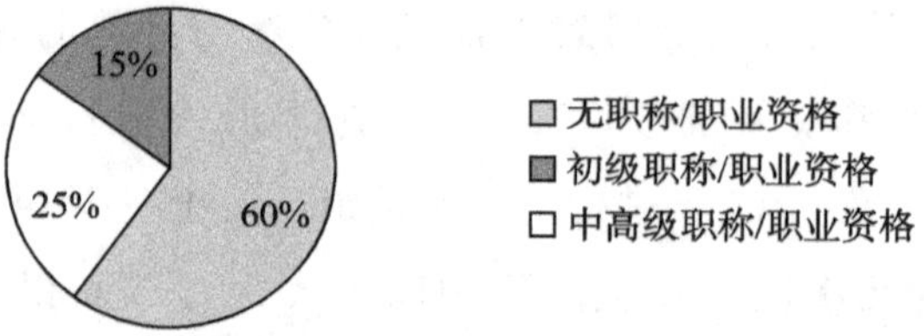

图 2 –5　中国光大银行员工有无职称调查

由图 2 –6 所示的中国光大银行员工学历结构可以看出，员工是本科及其以下学历的人员占 90%，高学历的研究生及其以上学历的占比仅为 10%。从上面分析的中国光大银行职称调查情况和学历结构情况，可以看出中国光大银行还是缺乏高端人才。尤其中国光大银行要走国际化发展道路，需要创新型人才，特别是风险管理、水平较高的复合型国际化人才。

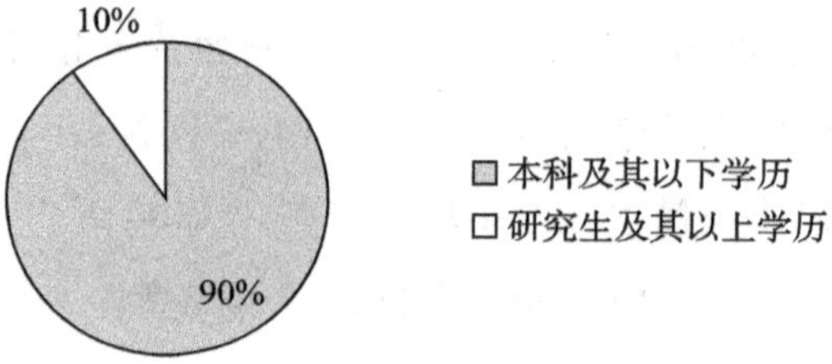

图 2 –6　中国光大银行员工学历结构

2.3　小结

通过对中国光大银行外部环境和内部能力的分析，可以看出在“一带一路”沿线的国家大多是发展中国家，基础设施相对比较薄弱，在能源行业、交通运输行业、通信业等几个方面出现了融资的热潮，增加了对金融产品的需求，从而增加了中国光大银行的业务需求量。“一带一路”倡议提出以来企业不断加大“走出去”的步伐，很多商业银行都选择在发达国家设立分支机构，发展中国家的经济相对落后，所以商业银行分支机构较少，这样就造成了沿线发展中国家的金融需求不能被充分满足。因此，中国光大银行可以利用这个机会，在沿线的发展中国家多设置一些机构，并且中国光大银行可以加强与沿线国家商业银行的联系，扩大自己的影响力，提升自身国际化发展的水平。

3 中国光大银行的境外及国际化发展现状

继在香港成立分行之后，中国光大银行加快国际化发展的步伐，紧跟“一带一路”倡议，首尔分行、光银国际、光银欧洲、卢森堡分行相继开业运营，建立悉尼分行的计划也在筹备当中。中国光大银行从2014年开始向海外发展，搞境内外业务联动，改善中国光大银行经营情况，国际化布局已经步入正轨。中国光大银行将会通过国外的一些金融机构来拓宽自己的金融服务平台、提高为客户服务的能力，为实体经济提供更有保障的综合金融服务。

3.1 香港分行

2013年2月末，第一个境外分行香港分行成立。成立香港分行标志着中国光大银行走向国际化发展的重要一步。业内预计，在2020年前，“一带一路”基建融资需求每年在8000亿美元左右，这就给香港金融机构提供各种机会。在此背景下，光大银行香港分行选择“联动”抓住机遇，依托光大集团整体资源，通过联动帮助企业走出去。中国光大银行香港分行的定位为：利用香港作为国际金融中心的有利地位和全球第三大金融中心的优势，利用在香港本土的银行机构和中国光大银行、本地企业的联系，向各界推荐中国光大银行的业务，提高中国光大银行的知名度、认可度，更好地促进中国光大银行向国际化发展。

3.2 光银国际

2016年中国光大银行设立了光银国际投资有限公司，简称光银国际。光银国际为全球各大企业提供满意的各项金融服务，比如为上市公司提供增发配置及再融资、资产管理等全方位的金融服务。随着“一带一路”倡议的实施，去香港旅游的人越来越多，“粤港澳大湾区”的建设、香港政府减轻中小企业的交税负担等一些好政策的出台，都有利于香港经济的发展。光银国际可以凭借它在香港的独特地理位置，利用良好的政策优势，提高光银国际的知名度，扩大其影响力，促进中国光大银行走向世界，更好地实现国际化发展。

3.3 首尔分行

2016年4月20日，首尔分行成立。首尔分行是光大银行第一家海外分行，它的成立使中国光大银行国际化发展向前迈进了一步，标志着中国光大银行正式地进入了韩国的市场大门。中国光大银行首尔分行将依托总行庞大客户群及光大集团的金融全牌照优势，利用中韩自贸区签署并生效的有利时机，重点开展本外币存贷款、贸易融资以及国际结算、资金外汇、债券投资及跨境人民币等业务。首尔分行将致力于为中韩两国客户提供特色化、差异化、多元化的金融服务，全力支持中韩两国的经济和贸易繁荣发展。

3.4 卢森堡分行

2017年9月8日，卢森堡分行在卢森堡成功举办“一带一路倡议与中国的企业投资欧洲论坛”开业仪式。各方代表在关于英国脱欧后的欧洲以及中国光大银行选择卢森堡的原因和以后在卢森堡的业务规划等方面的问题上展开了激烈的讨论，并达成了相关协议。这次讨论，说明了卢森堡政府对卢森堡分行的重视，为卢森堡分行在欧洲发展提供了保障。卢森堡分行作为中国光大银行在欧洲设立的第一家分行，在实施“一带一路”倡议过程中，它的成立是中国光大银行开拓欧洲市场的重要措施。卢森堡分行最主要的是国际结算、存贷款、贸易融资等业务。光银欧洲和卢森堡分行充分利用人民币业务的优势与跨境的金融服务平台，促进中国与卢森堡、中国与欧洲之间贸易合作，为各个企业机构提供更高效的金融服务，促进中国光大银行的国际化发展。

3.5 小　结

中国光大银行董事长唐双宁曾说，针对“一带一路”的倡议规划，中国光大银行要“走出去”，需要做到三步：第一是“业务走出去”，通过开展国际结算、参与国际银团贷款等相关业务，以开放的形式接受国际通行或主流游戏规则；第二是“机构走出去”，以进入海外市场的形式逐步融入当地社会，在海外设立分支机构，构建海外网络，香港分行的成立标志着光大银行迈出了“机构走出去”的一大步；第三是“影响力走出去”，以业务拓展的形式经营海外当地市场，并力争成为当地本土银行，或者当地有影响力的银行，这是中国光大银行的远期目标。在“一带一路”倡议实施背景下，中国光大银行将会不断地加快“走出去”的步伐。以合规为先，境内境外业务相结合，培养出一批高素质的复合型人才队伍，全面提高中国光大银行的服务水准，加快国际化发展的进程，逐步实现“三步走”的战略。

4 “一带一路”倡议背景下中国光大银行国际化发展存在的问题及成因分析

4.1 存在的问题

4.1.1 发展速度缓慢，经验不足

中国光大银行在国际化发展过程中，主要还是通过在海外设立机构来实现的，和别的商业银行比较还不成熟，在“一带一路”倡议背景下，中国光大银行国际化发展的速度和起步时间与国内一些银行相比而言进展较慢，而且经验不足。

根据表4-1可以看出，中国光大银行在境外设立分支机构的数量较少，中国光大银行明显要落后于其他银行。几所银行在海外设立机构多集中在亚洲地区和欧洲地区，在大洋洲、非洲地区设立的分支机构比较少。中国光大银行可以借助“一带一路”倡议的快车，扩展在亚、非洲的业务，扩大影响力，提升中国光大银行的国际化发展水平。

表4-1 中国国内各大银行在各大洲设立分支的情况 单位：个

	中国银行	工商银行	建设银行	农业银行	光大银行
亚洲	100	67	100	33	2
欧洲	33	37	11	11	1
美洲	24	20	8	4	0
非洲	10	12	4	4	0
大洋洲	7	2	2	0	0

数据来源：各大银行官网上显示的数据。

4.1.2 缺乏复合型国际人才

商业银行是一个知识密集型的行业，中国光大银行要走国际化发展道路，离不开优秀的人才，但是我国商业银行的人才状况与市场要求相差还很远，特别是不仅懂金融还掌握数据分析技能的复合型人才，商业银行要走出国门，必须要引进一些复合型国际人才。在上面研究内部结构的时候提到中国光大银行没有职称或者职业资格的员工占比为60%，有初级职称或者职业资格的员工占比是25%；员工的学历是本科及其以下的人员占90%，研究生学历及其以上的占比仅为10%。中国光大银行虽然从不同的途径招聘公司人员，但这些员工的学历多半是普通本科的学历，由此可见中国光大银行在国际化发展的过程中缺乏大量的人才。

4.1.3 产品创新不足

中国光大银行要走国际化道路，加入到“一带一路”中去缺乏一定的创新理念。中国光大银行相对于别的大型银行来说设置的海外机构分行较少，相应的利润收入也很少。根据相关的调查研究显示，中国的银行和西方的大型银行相比较而言，较为落后，中国光大银行也不例外。中国光大银行和其他银行相比较而言，主要业务还是在存贷款，中间业务发展速度较为缓慢。光大的传统业务也是很落后的，有很多创新不足的理财产品。随着不断的发展，中国光大银行虽然改进了一些技术，但是它整体上的操作系统，还有客户信息的管理系统，暂时还没有和国际接轨，整体上缺乏创新。

4.1.4 风险评估机制不完善

在“一带一路”倡议背景下中国光大银行国际化发展经营过程中会面临很多风险。

（1）政策风险。“一带一路”是一个长期工程，它需要的是政府和政府之间、地区和地区之间达成共识，但是现在在“一带一路”沿线的国家有些地区政局不稳定，有些地区存在武装摩擦。不少国家关于金融类的相关法律不健全并且不稳定。国家和国家间在交通物流运输信号和许可准入制度等方面存在着很大的差异问题，国家与国家之间还会存在很多贸易投资壁垒，这些都对贸易投资便利化产生严重阻碍。中国光大银行“走出去”主要是服务实体经济，这些政策风险，对于中国光大银行国际化发展都是个挑战。中国光大银行如果没有一个好的风险评估机制，在国际化发展道路上就会遭遇较大的风险。

（2）信用风险。“一带一路”沿线的国家投资的项目大多是长期的，会经历很长一段时间，虽然它有很大的投资需求量，但是至于会产生怎样的经济效益是不可预见的。沿线很多国家的经济存在不稳定性，紧接着企业也会不稳定。中国光大银行对这些经济效益不景气的企业开放的贷款业务就会存在一定的风险，因为企业的不稳定，它的偿还贷款的能力也会存在一定的问题，因此这些企业存在不可预见的信用风险。

“一带一路”倡议背景下中国光大银行国际化发展过程会面临政策风险、信用风险、合规风险，就目前来看，中国光大银行还没有建立起完善的风险评估机制和危险处理机制，这就说明中国光大银行无法有效预估和控制国际金融风险。在“一带一路”倡议背景下，如何加快制定一个完善的风险评估机制，为中国光大银行国际化发展保驾护航，是中国光大银行“走出去”所应该思考的问题。

4.2 成因分析

4.2.1 国际化意识不强

在分析中国光大银行内部能力时提到，金融危机的爆发，使得中国光大银行也因此受到了影响。在2003年的时候，国务院决定对中国光大银行进行重组，历经了11年，在2014年的时候重组成功。在这11年中，国际化发展在公司内部没有形成很强的意识。在2013年末的时候，第一家境外分行即中国光大银行香港分行成立。这个时候国内其他大型商业银行在境外及海外已经建立了很多分支机构。和国内其他大型银行相比较而言，中国光大银行的国际化发展的意识比较薄弱。

4.2.2 人才引进机制不完善

中国光大银行在岗办理基础业务的工作人员庞杂，而精通金融、语言能力强的复合型国际人才较少。中国光大银行在招聘人才的时候主要还是采取传统的招聘模式，内部人力资源的招聘人员通过校招、春招对应届毕业生进行招聘，内部人员的晋升主要还是看资历。中国光大银行的招聘渠道过于单一，没有打破传统的招聘方式，人才引进机制不够完善。

4.2.3 创新意识不强

中国光大银行在国内作为一家有影响力的大型商业银行，经历过多次的改革重组。中国光大银行旧的经营理念和内部机制还有残余，它的价值理念短时间没有办法快速改变。中国光大银行的领导班子资历比较老，年龄大概集中在50多岁，新鲜的血液较少，缺少创新的活力。中国光大银行受传统理念的影响，因循守旧，创新意识不够强，缺乏创新魄力。

5 “一带一路”倡议背景下中国光大银行国际化发展的对策建议

5.1 学习借鉴其他银行，制定适宜的战略

由于中国光大银行在“一带一路”倡议背景下国际化发展的经验不足，所以中国光大银行可以借鉴相对国际化发展较好的银行的经验，并且根据中国光大银行自身的情况制定适宜的战略。

花旗银行在各地区采取有差异的战略。比如在建立越南和韩国市场的时候，花旗银行主要就是不停地进行机构开设，占领市场，扩大花旗银行的国际影响力，这样一来，后进入韩国、越南市场的银行就产生了一定的障碍。花旗银行高瞻远瞩，在发生金融危机的时候，遇到困难并没有马上从市场离开，而是在危机里寻找机会。中国光大银行国际化发展还处于起步阶段，经验不足，必定会遇到很多阻碍，这时候需要向花旗银行学习，树立高瞻远瞩的眼光。

荷兰银行最初是一家默默无闻的小型银行，经过后期发展，成为了美国影响很大的外资银行。荷兰银行的发展战略和别的银行不一样，它避开了很多银行都想进入的纽约市场，进入了经济不发达的中西部地区。中国光大银行可以借鉴荷兰银行的经验，在“一带一路”上，可以避开不必要的竞争，很多银行都愿意进入发达国家的市场，中国光大银行可以在“一带一路”沿途的发展中国家开设机构，寻找机会。

5.2 完善引进复合型人才的机制

针对在“一带一路”倡议背景下中国光大银行国际化发展缺乏复合型国际人才的问题，中国光大银行应当制定引进复合型人才目标。中国光大银行缺少具备金融管理、风险管理技能且英语能力较好的复合型人才，由于“一带一路”沿线的国家语言种类繁多，人力资源部门在招聘时应加大力度对兼具语言能力好的金融人员的招聘。可以制定相关人才制度策略，例如增加复合型人才的薪资，增加福利提供人才可以学习、成长的空间。中国光大银行不光要引进人才，还要留住人才，人不仅需要物质，还需要个人价值上的体现，中国光大银行可以给国际型人才提供更好的工作环境，出台一些奖励机制措施。

5.3 加强创新，增强核心竞争力

中国光大银行应根据项目特点推进具有中国特色的“一带一路”产品，例如绿色金融以及为教育部的共建“一带一路”教育行动提供金融服务。推进特色的多元化的金融产品服务的发展，加大业务转型的力度是加强创新、增强核心竞争力的关键之处。“一带一路”提出以后，中国有很多企业搭乘快车纷纷“走出去”，中国光大银行应当加强创新，为企业提供全方位的金融服务，这样一来，中国光大银行可以吸引更多的客户，扩大影响力，提高国际化发展水平。随着“一带一路”的发展，需要中国光大银行不断来开发新产品，延伸新渠道，结合实体经济和个人客户的情况来满足他们在跨国金融服务上的需求，增强中国光大银行的核心竞争力。

5.4 完善风险评估和管理机制

在“一带一路”倡议背景下中国光大银行国际化发展过程中，对风险的正确评估和管理是十分重要的。对于保证中国光大银行国际化发展、获得收益和平稳运行来说，建立风险评估机制是关键。针对中国光大银行走国际化道路而言，只有增强风险评估和管理能力，才能增强自身竞争力。对于境外设置的分行机构，中国光大银行必须升级自己的监管措施，对境外的分行机构进行电子监督，全面实时地对市场上业务、操作等潜在风险进行监测，要适时全面地对资产质量和资本充足率进行专项检查。

5.5 将本土化战略用于国际化管理

考虑到中国光大银行国际化经营过程中面临的风险问题，中国光大银行应该因地制宜采取本土化战略进行国际化管理。中国光大银行应当和当地的政治文化信仰和谐相处，根据他们不同的需求采取相对应的战略。中国光大银行可以这样做：认真地去探究“一带一路”沿线国家的风俗习惯和规章制度，挖掘客户需求，立足于本地市场，对产品和品牌进行定位。

对于银行走国际化发展道路，品牌的影响力对于银行来说是很重要的。想要在国际化上拥有很大的市场份额，某种程度上来说取决于它的品牌影响力，客户对银行的认可度和熟悉度都会影响银行国际化的发展，这就需要银行能够做到品牌本土化。中国光大银行应当根据当地群众的风俗习惯和潜在的心理预期去进行品牌介绍的设计与策划。中国光大银行可以和强大的社交平台 Facebook 合作，扩大它的影响力，把中国光大银行这个品牌宣传到世界的各个地方，让世界人民了解中国光大银行，提高中国光大银行的影响力和知名度。

6 结　语

本文通过分析“一带一路”倡议背景下中国光大银行国际化发展所处的宏观环境以及公司内部能力，得出“一带一路”倡议为中国光大银行“走出去”提供了很多机遇。与此同时还面临很多挑战，中国光大银行在国际化发展过程中存在很多竞争对手，并且缺乏复合型国际金融人才，风险评估机制不够完善，以及在国际化发展过程中缺乏创新。

针对在“一带一路”倡议背景下中国光大银行国际化发展存在的问题，本文提出了相应的解决措施。中国光大银行可以学习借鉴优秀银行国际化发展的经验，加强与亚投行、亚开行的金融合作。与此同时，应当完善相应的人才引进机制，吸引优秀的人才来为光大银行国际化发展服务。多推出具有中国特色的“一带一路”金融产品，加强创新，增强核心竞争力。光大银行要完善风险评估机制，通过电子监督的方法对海外分行进行风险控制。此外，“一带一路”沿线国家政治经济文化水平有很大差异，中国光大银行需要根据不同的情况来进行品牌产品定位以实现国际化经营，借助“一带一路”的利好政策，加快国际化发展的步伐，为实体经济提供更优质的金融服务。

参考文献

[1] 胡筱亭．跨境人民币业务发展与商业银行国际化探析［J］．农村金融研究，2015（4）：36－40.

[2] 赵忠滨．一带一路与银行国际化［J］．中国金融，2015（15）：86.

[3] 严佳佳，张婷．“一带一路”倡议下商业银行国际化区位选择［J］．企业经济，2018（3）：131－139.

[4] 潘玲．我国商业银行国际化发展对经营绩效的影响研究［D］．首都经济贸易大学，2017：9－10.

[5] 张军．中国商业银行国际化发展模式研究［D］．辽宁大学，2014：15－20.

[6] 杨丽华．基于学习效应的中资银行国际化行为研究［D］．湖南大学，2015：11－14.

[7] 蒋海曦．银行国际化发展阶段及实现途径的理论比较与评析［J］．经济学家，2014（4）：91－97.

[8] 欧阳令南．银行国际化：组织机构形式的选择［J］．财经科学，2003（5）：11－15.

[9] 冯嗣全．银行国际化与金融发展的实证研究［J］．国际金融研究，2003（12）：43－47.

[10] 赵禹翔．商业银行国际化程度影响因素的实证研究［D］．吉林大学，2017：7－10.

[11] Andrew Baker. Nebuleuse and the “internationalization of the state” in the UK? The case of HM Treasury and the Bank of England［J］. Review of International Political Economy，1999（1）：89－96.

[12] Joong－Woo Lee，Hong Sun Song，Jooyoung Kwak. Internationalization of Korean banks during crises：The network view of learning and commitment［J］. International Business Review，2014（6）：87－89.

“90后”员工的行为特征及激励创新

张文彪[1]，周心[2]，陈曦[3]，汪冰[4]，潘月杰[5]

（1—4. 北京联合大学商务学院

国商1601B学生；5. 指导教师）

摘　要：“90后”已经逐步进入职场，慢慢地将成为企业的主要成员。通过走访浪莎集团公司与双童有限公司，了解企业的经营模式和战略，感受企业的氛围，深入探讨“90后”员工在企业工作中的行为特征以及激励创新。

关键词：“90后”；员工；激励；企业发展

前　言

“90后”：特指1990年至1999年出生的新一代生力军。按年度计算，他们目前年龄应该在19岁至28岁。据相关统计数据，应届高校毕业生年均规模将达到近700万人。由此可见，他们已开始陆续进入职场，并且在社会中担任中坚力量。从“90后”员工整体成长背景来看，正值我国经济的快速发展、国家计划生育政策以及信息化高度普及，从小在物质生活相对富足的状况下、独生子女在家庭中被高度关注下，“90后”们在成长过程中形成了多元化价值观与较广阔的视野，等等。因此，与作为目前职场的“70后”“80后”员工相比较，“90后”员工有着更加突出的独特之处。

一、“90后”员工的基本现状

“90后”新生代员工整体出现“五高”“五低”特征：“五高”即学习欲望强烈、创新意识较好、工作节奏快速、自我实现更高、个人兴趣更浓；“五低”即忠诚度较低、缺乏团队精神、责任心较弱、抗压性较差、职业定位模糊。

根据调查显示，“90后”员工离职率整体偏高，正遭遇“成长的烦恼”，甚至出现了越年轻换工作越勤的情况。

“90后”年轻员工离职率偏高并非都是员工不靠谱，企业也有责任。专家分析，企业反映“90后”稳定性差，往往忽略了离职的合理化原因，比如随意提高招聘学历门槛，不兑现升职、加薪等待遇，员工没有归属感等。“新生代”对工作环境、福利待遇、发展机会、文化生活有更高的要求，“90后”员工初入职场，对未来发展规划还不成熟，流动性也相对较高。面对“90后”，公司更应注重人性化管理、人本管理，企业要主动适应新一代员工的个性和诉求。

二、“90后”员工的激励创新

根据目前的调查研究结果显示，“90后”员工的激励创新及主要行为特征体现在以下几个方面。

（1）“90后”员工普遍喜欢创新。“90后”员工视野更加开阔，更加敢想敢做，而这些特质为企业的发展注入了新的活力。

（2）“90后”员工的学习能力和接受能力更强。由于时代发展，“90后”的受教育程度较高，这使得他们中的一些人有着更为明显的学习能力强的优势。同时“90后”员工与“70后”员工相结合就可以做到思想和踏实肯干的结合。

（3）“90后”富有活力、朝气。乐于接受新生事物，敢于创新，他们成长于经济与思想同时开放的年代，在这种社会背景下成长，他们的思想束缚少，有着更强的创造力和想象力。他们多才多艺，比前一代员工更为乐观。

（4）“90后”员工流动性大。不愿意长时间在一个企业工作，更希望以自己的现有工作作为跳板去争取更好的工作，对于时间的积累能力比较差，不愿意通过时间的积累去做事，喜欢快节奏，凡事过分注重结果不在意过程。与踏实肯干的“70后”相比，这方面“90后”做得较差。

（5）工作挑剔，对企业的忠诚度下降，随意性强。今天，很多“90后”员工不但要工作，更重视生活。工作中缺乏责任心，不能够以大局为重，总是先考虑自我感受，工作不舒心则往往选择离开。薪酬待遇作为过去人们择业的首选标准，对今天的新生代员工而言，其重要程度逐渐下降。然而这些“软因素”，如兴趣爱好、工作环境、成长空间、快乐的工作氛围等因素日益产生重要影响。他们追求工作多样化、有趣化；对现有工作很难满意，总眺望哪个山头有更好的工作；希望单位里没有等级观念，大家平等互动、沟通与交流。

（6）集体意识较弱，吃苦精神差，抗挫折能力不足。“90后”多为独生子女，在家里都是公主或皇帝，处于中心地位，很多情况下都是他们说了算，基本上扮演着小领导的角色。当进入职场后，在团队中不仅希望是团队的一员，也渴望是领导，能影响其他成员。毫无疑问，这种较强的自我中心意识背后暗示了松散的团队组织和较弱的团队向心力。

以浪莎集团为例，浪莎集团已经有“90后”员工的身影出现，并且大部分担任着重要的职位。浪莎集团有12年的历史，面对人员的流动也从“80后”跨界到“90后”，可以看出企业的管理机制是非常有效的，懂得年轻人追求的目标，制定相应的管理体系，因材施教，发挥“90后”的长处。企业的办公区域是开放的，高层管理人员和员工在一个楼层，平时的交流和协商是非常方便的，同时企业制定了奖励机制，定期会评选优秀员工代表，一视同仁无论职位高低，办公区域有一块展板，上面张贴着员工们的荣誉，上到主管，下到工厂厂工，使得员工在工作中更加积极主动。

三、解决对策

（一）建立公平的鼓励机制，加强人性化管理

“90后”在看重报酬之外更看重自我价值是否得到体现，因此企业应

该制定合理的薪酬奖励体系。在保证物质激励的同时，更注重精神激励的作用。“90 后”员工把工作看作生活的一部分，他们强调享受工作，而不是让工作成为生活的负担。因此，企业要改变传统的对新人说教式管理，加强人性化管理，尤其对于“眼高手低”和“期望过高”的新员工来说，管理者要通过积极的价值引导，让他们充分认识到自己的定位，踏踏实实从基层认真学习、积累。“90 后”员工希望企业能够为他们提供相对自由的发挥空间，多样化的工作方式和轻松融洽的工作氛围对他们有更大的吸引力。同样，机械化的管理方式对“90 后”员工是没有吸引力的，这可能也是造成“90 后”员工流失率增加的原因之一。

（1）荣誉激励

很多公司每年都会评选优秀员工、模范员工、资深员工、优秀团队等。以产业园区内一家生产杯子的公司为例，公司实施游戏化管理，办公区域有一面文化墙，员工的业绩以积分的形式记录在上面，每卖出一个杯子，排行榜就会多积一分。在月终汇总，成绩最高的员工会收到丰厚的礼物。这种评选会让员工有荣誉感，将枯燥的生活变得有趣，在乏味的工作中寻找乐趣，调动更多的工作积极性。

（2）兴趣激励

兴趣激励是根据员工不同的兴趣、爱好，实施不同的激励。有些员工喜欢笔记本电脑，有的员工喜欢 ipad，有的员工喜欢旅游，管理者要针对员工的不同兴趣，采取不同的激励方式。

（二）协助“90 后”员工进行职业发展规划

“90 后”员工刚刚步入职场，他们迫切希望能够有机会展示自己，尽快找到属于自己的位置，但是由于自身经验的不足及企业的各种复杂环境，他们不免会遇到挫折，从而对自己的未来发展感到迷茫，不确定自己的前进方向。这时就需要企业对他们及时进行引导和帮助，协助他们制定符合自己实际情况的职业规划，形成清晰的定位从而确定自己在企业中的发展目标。企业需积极鼓励他们按照制定好的职业规划进行发展，慢慢步入正轨。

（三）优化工作设计，增强工作自身的吸引力

工作内容是吸引员工最直接的因素，因此，面对喜欢挑战多样性、喜欢发挥想象力的“90后”来说，企业调整工作内容的形式是非常有必要的。让工作变得有趣，并在解决问题的过程中不断进行鼓励才会吸引“90后”员工。时不时将工作超出预计，面对突如其来的困难会带来不一样的惊喜。同时可以让员工体验不同领域，时刻保持对工作的新鲜感，并激发不断挑战自己的斗志。在完成工作之后带来满满的满足感会让员工在工作中更加积极主动。

同时，工作中加入更多人性化的东西。设计并生产吸管的双童企业非常注重平等。企业文化讲究以员工为本，工作环境也有个性化设计。办公的区域是开放式的，从管理级别到普通员工都在一个空间工作，总经理和经理秘书的办公桌挨着，没有屋内屋外之分，这是最令人欣喜的。企业对员工家属也非常照顾，比如在暑假可以将孩子带进工厂组织学生活动、参观生产过程等。这些和“90后”开放式的性格非常相符。这和许多国企形成了鲜明对比，国企的等级制度在很多地方都有体现，比如老板和员工的办公区域是分开的。老板有单独办公室，且设计豪华。员工也有自己的工作环境，比较注重私密性。

作为当代社会的企业，为了改善“90后”在企业中的这些行为，我们需要用不同于过去的方法对待新时代的员工。如：淡化等级观念，创造宽松、平等、和谐的工作气氛；加强沟通，抛开成见，真正了解“90后”在其工作岗位的需求；建立公开透明的机制，重视、认可员工。

四、结　论

无论如何，未来始终会是“90后”的天下，“90后”终将会变成企业的中坚力量，他们拥有属于自己年代的管理以及工作风格，会和前人有所不同，但是终究会变成适应社会潮流的模式。作为当下“90后”的领导者，不能再墨守成规，始终按照过去的模式办事，要创新自己的管理形式，融入当代社会，与“90后”构建较为亲近的关系，这样才能使工作进

行得更好。管理者们要在思想上、态度上、行为上就上文所谈的解决措施进行一定的思考和改变。

参考文献

[1] 张晓彤．“80—90 后”：薪不如心——与张晓彤老师谈“80—90 后”的管理[J]．员工管理，2010（4）：11－14.

[2] 荣鹏飞，葛玉辉，陈悦明．基于人性假设的“90 后”员工管理研究[J]．现代管理科学，2013（2）：196－200.

[3] 刘延焕，万建华．国际银行卡产业研究报告（2004）[M]．上海：文汇出版社，2005（8）：68－74.

[4] 史晋川，等．制度变迁与经济发展：温州模式研究[M]．杭州：浙江大学出版社，2002（2）：13－15.

[5] 丁韦．80 后员工的特点与管理挑战[J]．金融管理与研究，2008（6）：35－37.

[6] 孙秀文．“80 后”员工的特点及管理策略[J]．中外企业家，2010（6）：25－28.

联邦公司在中国市场经营策略研究

孟海洋[1]，李剑玲[2]

（1. 北京联合大学商务学院国商1402B学生；2. 指导教师）

摘　要：当今中国市场逐渐成为各大跨国企业角力的赛场，而联邦快递公司在中国快递市场经营没有达到预期经营目的，甚至在某些领域的快递市场完全失去了竞争优势，通过研究可以得出，之所以出现这样的状况是因为联邦快递公司在中国市场执行所选经营策略时出现了问题，联邦快递公司需要分析问题背后的原因，以及有针对性地提出改进措施，对其在中国市场的经营策略做出优化调整，更好地适应中国市场，达到自己预期的经营目的。

关键词：中国市场；经营策略；联邦公司

在中国，电子商务行业发展迅速，电子商务的蓬勃发展也带动了一批相关产业，最主要的就是快递行业，快递行业需求的上升给很多快递企业发展带来了巨大的推进力，联邦快递公司作为世界快递企业几大巨头之一，在中国市场抢占一定量的市场份额是极其重要的[1]，但是联邦快递公司在中国的发展并不乐观，究其原因不难发现，是联邦快递公司在中国市场经营过程中所选择的经营策略出现了很大的问题，本文针对联邦快递公司现有的经营策略存在的问题，提出相应的解决措施，对联邦快递公司改善在中国市场经营现状具有借鉴意义。

经营策略对于企业来说是十分重要的，是企业未来自身规划的一个缩影。企业在充满竞争的行业市场中，需要对市场进行调查，结合企业自身的优劣势，形成适应市场需求的发展和生存空间，所产生的反应和采取的企业经营策略不是一成不变的，它是一种动态的概念，会随着企业自身的发展和市场的变化而变化，在企业自身或企业所处行业的不同阶段要制定不同的企业经营策略。

企业经营策略会根据不同的策划对象划分成很多类型，在目前通用的理论中，主要把企业经营策略分为三个层次，分别是公司层策略、业务层策略和职能层策略。

联邦快递公司是最早把目光聚焦到中国市场的外资快递企业，早在20世纪90年代就进入了中国。进入中国市场以后，联邦公司快速发展，成为拥有直飞中国航班数目最多的国际快递公司。目前，联邦快递公司在中国不同区域设立了58家分公司，员工近万人。

1 联邦公司在中国市场的经营策略问题

1.1 公司整体未有长久固定规划

通过研究不难发现，联邦快递公司在中国经营时期，采取了很多在当时属于开创意义的策略创举。刚刚进入到中国市场的时候，其采用了发展型策略，想快速在中国市场站稳脚跟并快速发展，成为中国市场的龙头企业，但是，没过多长时间，就变成了稳定型的策略，后来迎来快递发展热潮，又变成了发展型策略，针对性地变换经营策略，是企业能够和同行业竞争对手拉开差距的一个重要模块，但是频繁地变换策略不仅会使企业每隔一段时间就承担巨大的策略风险，而且对于企业来说每次变换都意味着之前一段时间甚至几年的很多工作都付之东流，甚至有的策略因为受到中国政府为了扶持本土企业所制定的政策的冲击导致企业经营受损。

1.2 公司主营业务对象偏离快递发展趋势

联邦快递公司虽然很注重中国市场，制定了复杂繁多的策略，以求在中国市场立足，但是每次策略的转变大部分都没有抓住中国快递市场的未来发展趋势，中国快递未来发展的大趋势是与电商行业相结合，电商行业跟快递行业如今俨然已经成为了一对十分紧密的捆绑体，二者相辅相成，再加上中国电商行业的飞速发展，业务量每年都在以令人惊叹的速度增长，也就注定了抓住电商行业就能抓住国内快递市场行业，联邦企业之前选择了与柯达公司合作，想进入中国电商市场，但是由于柯达自身的经营不善和联邦对电商行业的重视度不够，导致本次合作未能达到预期效果[2]，联邦公司也没有成功进入到电商市场，失去了国内快递市场一个重要的板块。

1.3 销售部定价策略没有考虑市场行情

联邦快递公司的市场定价策略和服务客户层面策略也成为了制约其在中国发展的很大因素，联邦快递公司的定价相对于其余快递企业来说是非常昂贵的，联邦公司把自己服务对象定位于中高端市场消费者，然而当今中国使用快递的主要成员是普通基层消费者，他们对于快递的需求已经占据了中国快递市场需求的绝大部分，但是联邦快递公司选择了放弃这块战略重地，中国快递的消费者如今对于快递送达速度其实并不是十分看重，他们看重的仅仅是能否安全送达以及快递费是否低廉，而中国本土的快递企业在同城运送服务中，大部分都能实现隔天送达，联邦公司的速度优势已经称不上“优势”了，由此可见，联邦公司的价格策略和市场服务对象策略还存在改进的空间。

2 联邦公司在中国市场经营策略出现的问题成因分析

通过对联邦快递公司进入中国市场以后一系列的行动分析，总结出联邦快递公司在中国市场经营策略，对联邦快递公司在中国市场经营策略出现的问题背后的原因进行分析，得出问题的成因具体如下。

2.1 对中国市场变化因素不敏感

在中国快递还没有兴起的时候，联邦公司就瞄准了中国市场，与弱小企业进行联盟后正式开始在中国市场进行经营，然后开始实行的是发展型经营策略，想要快速占领中国市场，那时候的中国快递市场完全属于空白，市场很快就被联邦公司占领。

在占领中国市场以后，联邦公司逐渐把经营策略转为稳定型经营策略，后来中国经济有了飞速的提升，电商行业取得了令人惊诧的发展，快递也逐渐成为了一个热门的行业，竞争对手开始如雨后春笋般出现，而中国政府为了保护本土企业，逐渐对外资企业进行了一些限制[3]。

当很多中国本土快递企业已经形成经营规模后，联邦快递公司意识到自己不能再用稳定型策略，需要重新规划自己在中国市场的经营策略，在经过研究商讨之后，又把企业的经营策略转变成了发展型经营策略，但为时已晚。

联邦快递公司在中国市场的公司层经营策略经常变化，没有一个固定长远的经营策略，主要是因为，联邦快递公司对中国各个阶段的政策变化和市场因素变化不敏感，导致所做出来的策略虽然有针对性，但是时效性却不足，有的时候对政策和市场因素也会进行错误的解读，制定出来的经营策略不能很好地在中国市场实施，不能达成企业的经营目标。

2.2 对中国快递主要消费群体判断错误

联邦快递公司在中国主要实行的业务层经营策略是目标聚集经营策略，把经营服务对象和产品聚焦到一个消费群体，其余的消费群体则很少顾及，这种经营模式在联邦快递公司刚刚进入到中国市场的时候非常有效，当时中国快递市场的主要消费群体就是企业，而普通的公民很少使用快递服务。但是随之是中国经济的发展和电商快递行业飞速的进展，中国主要消费群体发生了变化，从企业变成了普通公民，但是联邦快递公司却一直坚持自己的目标聚集经营策略，还把自己的经营服务对象定位于企业用户，对普通公民的消费市场则是选择了半放弃的状态，可以说，联邦快递公司在业务服务对象上面的判断出现了失误。

2.3 销售部门定价没有考虑中国市场行情

联邦快递公司认为中国市场的消费人群跟国际快递市场消费人群一样，很注重服务质量，于是进入中国市场以后，联邦快递公司也沿用了他们非常明确的高品质的服务特点，但是要想维持一个高质量的优秀服务，就要比同行业快递公司付出更高额的营运成本，其背后的含义就是更高的服务价格。

但是中国快递市场的消费人群在进行快递企业选择的时候，考虑的主要是价格因素，他们对于快递送达时间虽然有要求，但是要求并不高，中国的消费人群只要价格低廉。但是联邦快递公司完全忽视了这一点，他们还是主打高品质，而价格却很高，无论是其余的国际快递企业还是本土的快递企业，联邦快递公司的价格都高于他们，所以，中国的消费人群在进行快递企业选择的时候，看到联邦的价格只能望而却步，联邦快递公司只是一味地沿用他们在国际经营时采用的策略，而没有考虑到中国市场具体的情况，因地制宜地定价[4]。

3 联邦公司在中国市场经营策略改进措施

通过分析近几年关于联邦快递公司研究的期刊，结合联邦快递公司目前所处的内外部环境，所面对的竞争对手和做出的在中国市场所选择的经营策略，参考 SWOT 分析模型对联邦快递公司分析结果以后，针对联邦快递公司在中国市场经营时出现的问题提出相对应的改进措施。

3.1 本土化经营国内快递

联邦快递公司自从进军国内快递市场以来，无论是产品服务还是管理模式都是在沿用国际通用的管理模式，没有设身处地地参照中国国内快递市场的现状进行改革[5]。中国国内快递市场和国际快递市场相比有其特殊性，其特殊性在于中国国内的快递市场进入门槛较低，这会导致很多企业都涌入到物流业当中，会让市场竞争变得格外激烈。联邦快递要想在错综复杂、竞争激烈的国内快递市场充分发挥自己的优势，需要学习中国快递本土企业的长处，提供更适合中国本土需求的产品服务。

3.1.1 确立本土化经营服务理念

上述分析中提到联邦快递公司目前所采用的管理模式还是在沿用国际通用的管理模式，但是联邦快递公司要想快速在中国国内快递市场站稳脚跟并占有一定的市场份额，那在制定中国市场经营策略和实施策略过程中，一定要做到因地制宜，充分考虑到中国国内的快递行情，充分考虑中国国内各种因素，具体问题具体分析，在现有的内部管理和风险控制的策略基础上，确立本土化的经营服务理念，把握国际国内快递行业和中国快递市场未来发展的大趋势。

3.1.2 与政府建立良好的关系

要想在中国市场取得成功，最重要的一点是要做好与中国政府的协调沟通，虽然这一点是企业最难控制的，但是在中国市场，这一点恰恰是十分重要的，能否做到这一点是企业能否顺利发展的重要影响因素，做到与政府保持良好有效的沟通，与政府政策达成共识，对于企业发展来说，起到良性作用。联邦快递可以成立专门负责与政府沟通交流的公关关系部，主要负责和中国政府各部门之间的协调沟通，对中国政府政策做出正确的解读，针对中国政府的政策和各部门提出的要求，迅速做出正确有效的应对，保证联邦快递公司与中国政府有良好的关系。

3.2 进入电商市场开展新业务

随着中国经济的飞速发展，电子商务在中国逐渐成为人们日常生活中必不可少的一部分，电子商务的繁荣也带动了中国物流行业的飞速发展，在数额巨大的快递中，其中有73%都是“电商”包裹，快递行业的营业收入越来越取决于“电商”包裹营业收入的高低，可见电子商务已经成为中国快递业迅速发展的另一引擎。

联邦快递公司进入到中国市场以来，在电商领域涉及的很少很少。电子商务对快递行业的影响越来越大，开辟电子商务领域对能否占据更多的快递市场来说越来越重要[6]，联邦快递公司开始布局中国电商市场的时候，首先应该确定自己的客户人群，要以电子商务中的中高端客户为目标群体。

目前中国电商市场体现出来的情况是低端客户市场被淘宝、京东等网上购物网站所占据，低端客户市场虽然消费基数较大，但基本都被顺丰和“三通”所占据，联邦快递公司想打进低端客户市场不是一件容易的事情，而中高端客户市场却没有类似于淘宝、京东这样的巨头存在，可以说存在很大的市场空白，联邦快递公司进入壁垒相对来说较弱，有很大的快速占据市场并逐渐成为垄断巨头的可能性。

3.3 销售部对产品价格进行调整

联邦快递公司在中国一直都是实行高价策略，相对其他同行业竞争企业来说，价格是比较昂贵的，如表1所示。

表1 快递运价表

单位：元	联邦快递	EMS	顺丰	圆通
1kg 承运价	32	26	20	18
每超 1kg 增价	12	12	10	10

由上表可知，客户想要寄一个快件到某个地方，如果选用联邦快递，价格要高于选择其他快递公司。

在中国快递这个行业，消费者选择快递公司的时候最主要的考虑因素就是价格，因此，联邦快递应在自己目前有经营优势的市场，巩固自身的优势；在没有优势的市场，要根据同行业企业的定价情况，做出有同等竞争力的价格，才能取得市场的主动权。价格定位首先要依据目标市场，其次取决于公司的运营成本。

3.3.1 针对目标市场制定差异化价格策略

联邦快递公司作为一家大型的跨国快递公司，所服务的消费人群应该遍布各个层级，如果采用一样的价格，就会使高端客户人群不信任公司的服务水平，所以联邦快递公司需要针对不同的消费人群和不同的服务需求制定出不一样的服务价格定位，就算是一样层级的消费人群也要对该层级的客户类型做进一步的细分，有效地制定差异化的价格，构建完整合理的服务价格体系[7]。另外，对于稳定的大客户来说，可以采取会员制，寄取快递件数规模和数量比较大的客户，可以及时给予一定的优惠价格和福利，不定期地举办各层级的价格促销活动，这样不但可以吸引更多的新客户，也可以维护现有的大小客户，达到更大份额地占有市场，使企业获得更大规模的效益。

3.3.2 减少快递成本

中国国内快递市场目前竞争十分激烈，很多本土的快递企业都采用价格战的方式进行竞争，联邦快递公司进入中国市场以后不可避免会遭遇到价格过高的问题，要想降低价格，首先要降低自己的快递经营成本，一般来说要在包装材料、快递人员、设备维护、保工费用、快递外包成本等方面减少支出，可以采用目前比较先进的、国内本土快递企业普遍没有的智能化操作系统及立体仓库等技术，有效减少设备维护费用、人工成本，还可以提高企业的运营效率，从而达到降低服务价格的目的。

参考文献

[1] 庞彪．联邦快递：中国是全球最具潜力的市场［J］．中国物流，2018（6）．

[2] 高原．联邦快递：在风险中无畏前行［J］．现代企业文化（综合版），2015（12）．

[3] 全毅．国际经济环境演变与我国对外开放策略调整［J］．福建论坛（人文社会科学版），2016（1）．

[4] 屈星池．在华外企如何逆风飞扬［J］．清华管理评论，2015（5）：42－47．

[5] 蔡小倩，钟媛．跨国公司在华本土化策略——基于百胜集团的实证分析［J］．广东经济，2017（14）．

[6] 卢元．浅谈跨境电商物流的商业快递问题［J］．广东蚕业，2017（11）．

[7] 郭林，郭建辉．关于跨国公司进入中国市场方式选择及策略分析［J］．社会科学报，2016，11（2）．